하브루타, 교사가 답이다

하브루타, 교사가 답이다

지은이 | 이익열
초판 발행 | 2018. 1. 15.
8쇄 발행 | 2022. 3. 15.
등록번호 | 제1988-000080호
등록된 곳 | 서울특별시 용산구 서빙고로65길 38
발행처 | 사단법인 두란노서원
영업부 | 2078-3352   FAX | 080-749-3705
출판부 | 2078-3331

독자의 의견을 기다립니다.
tpress@duranno.com www.duranno.com

두란노서원은 바울 사도가 3차 전도여행 때 에베소에서 성령 받은 제자들을 따로 세워 하나님의 말씀으로 양육하던 장소입니다. 사도행전 19장 8-20절의 정신에 따라 첫째 목회자를 돕는 사역과 평신도를 훈련시키는 사역, 둘째 세계선교 (TIM)와 문서선교 (단행본잡지) 사역, 셋째 예수문화 및 경배와 찬양 사역, 그리고 가정·상담 사역 등을 감당하고 있습니다. 1980년 12월 22일에 창립된 두란노서원은 주님 오실 때까지 이 사역들을 계속할 것입니다.

다음세대를 살리는 쉽고 강력한 변화

하브루타, 교사가 답이다

교사가 변해야
교회가 산다

이익열 지음

질문하고,
이야기하고,
스스로 하게
만들라!

두란노

목차

하브루타 교사가 절실하다

하브루타(havruta)를 처음 시작했을 때, 이것이 좋은 것이며 우리에게 꼭 필요한 것인지는 알겠는데, 무엇부터 해야 할지를 몰랐습니다. "질문하고, 대화하고, 토론하라"는 말은 이해하기는 쉬워도 실행하기가 결코 만만치 않았습니다. 하면서도 잘하고 있는지, 이렇게 하는 것이 맞는 것인지 알 수가 없었습니다. 하브루타교육협회에서 받은 교육을 바탕으로 입문 과정을 만들고, 자원한 교사들과 실습에 들어갔습니다. 모두가 새로운 세계를 맛보고 즐거워했습니다.

그러나 학생들과 하브루타를 시작하자마자 난관에 부딪히고 말았습니다. 학생들이 도통 말을 하지 않았기 때문입니다. 용감하게 시작했지만, 시행착오를 수없이 겪어야 했습니다. 아이들의 눈높이를 몰랐고, 아이들과 소통할 줄 몰라 힘든 시간을 보냈습니다.

이제 상당한 시간이 흘렀고, 주님의 은혜와 누림교회 꿈지락 하브루타 교사들의 수고 덕분에 누구에게도 자연스럽게 질문하고, 토론으로 이끄는 역량을 갖출 수 있게 되었습니다. 이집트 노예 출신인 이스라엘 백성에게 하나님이 왜 강론(하브루타)을 지시하셨는지를 하브루타를 하면서 피부로 느끼고 몸으로 배우고 있습니다.

이제부터는 하브루타 전문 교사를 양성해야 합니다. 교사 양성은 하브루타를 올바로 정착시키기 위해서, 또 미래를 이끌 인재를 양성하기 위해서 꼭 해결해야 할 과제입니다. 대부분의 교사는 학습 기술에 관심이 많습니다. 그러나 기술보다 중요한 것은 학생들의 잠재 능력을 끌어내는 역량을 갖추는 것입니다. 일방적으로 가르치기보다는 촉진자로서 도움을 줄 줄 아는 교사가 절실합니다. 또한, 기존 교육과 하브루타의 차이를 명확히 이해할 뿐만 아니라 충분히 익혀야 합니다. 더 나아가, 하브루타 전문 교사가 경험을 서로 나누고, 교류하며, 스스로 발전하는 시스템이 필요합니다.

하나님은 모든 부모가 하브루타 교사가 되어 자녀를 말씀과 하브루타로 양육하는 날을 꿈꾸시며 많은 사역자를 한 걸음씩 인도해 주고 계신다고 믿습니다.

꿈지락 하브루타는 엘리트가 되어 높은 자리를 차지하는 인재를 추구하지 않습니다. 오히려 기꺼이 내 것을 내어놓을 수 있는 십자가의 사람을 만들고자 합니다. 하나님 보시기에 더 좋은 세상을 만들기 위해, 단 한 사람에게라도 도움되는 일을 하는 사람을 양성하는 것이 우리 목표입니다. 훗날 훌륭한 사람이 되어 도움을 주는 사람보다 지금 도움을 줄 일을 찾고, 실행에 옮기는 인재를 양성하고자 합니다. 그것이 이 땅을 정복하고 다스리라는 하나님의 말씀을 실천하는 길임을 믿기 때문입니다.

그렇게 하브루타 교육을 마음에 새기고 익혀 갈 때, 만들어진 세상을 받아들이고 적응 잘하는 인재가 아니라 오히려 미래를 선도적으로 디자인하고 열어 가는 인재로 자랄 것을 믿습니다.

끝으로 이 책은 교사로 하여금 하브루타 실전을 이해하고 역량을 갖추는 일에 도움이 되고자 지난 수년간 꿈지락 하브루타 주일학교에서 실천한 내용을 바탕으로 만들었습니다. 이 책이 하브루타를 하고자 하는 많은 분이 더 높고 풍부한 실재적인 역량을 갖추는 데 디딤돌이 되기를 소망합니다.

2018년 1월
이익열

PART 1

하브루타,
쉽지만 강력한
변화를 일으킨다

시대의 물결에
휩쓸리는 교회학교

"물이 끓잖아. 어서 나와!"

"싫어. 안 나갈래. 안 뜨거워."

물이 끓기 전부터 냄비 안에 앉아 있던 개구리가 하는 말이다.

지금 한국교회의 모습이다.

교회가 '위기'에 처했다는 말을 언제부터 들어 왔는지 기억도 안

난다. 무엇보다 부모를 따라 교회에 다니는 학생을 찾아보기가 힘들

다. 이제는 고3 입시생뿐 아니라 중학생은 고사하고 초등학교 고학년

만 되어도 교회에서 만나기가 어렵다. 부모를 따라다니지 않기 때문이

다. 그나마 얼굴을 내보이는 학생들은 대부분 부모와 실랑이를 벌이기 싫어서 마지못해 오거나 부모의 체면을 생각해서 나와 주는 경우가 많다.

대형 교회는 여전히 장년층 성도들을 중심으로 사역하고 있다. 그래서인지 주일학교의 심각한 위기를 덜 느끼는 것 같다. 중소형 교회는 다양한 프로그램을 운영하느라 늘 바쁘다. 유행하는 프로그램을 따라 했다가 잘 안 되면, 얼른 다른 프로그램을 찾아 나선다.

나도 하브루타를 시행하기 전에는 그랬다. 문제는 고사하고, 아이들의 상태도 제대로 파악하지 못했다. 아이들의 관심사나 관계능력이나 사고능력 등에 관해 아는 것이 없었다. 관심도 없었고, 중요성도 몰랐다. 조금 과장해서 말하면, 아이들의 이름과 나이 정도만 알 뿐, 그들에 관해 아는 것은 아무것도 없었다. 솔직히 아이들의 신앙 상태보다는 출석에 더 관심이 있었다. 출석만 잘하면, 신앙은 걱정하지 않아도 된다고 생각했다. 그러니 출석률을 높이는 데 집중했고, 차별화된 전도 프로그램에 관심이 클 수밖에 없었다.

그런데도 전도가 안 되는 것은 교회가 욕을 먹는 시대가 되었기 때문이고, 입시에 매달리는 학부모 탓이며, 학생들을 끌어모으는 학원 탓이라고 생각했다. 교회학교의 쇠락을 입시의 부담과 학원 탓으로 돌리곤 하지만, 사실 핑계에 지나지 않는다. 학원비를 냈으니 자녀가 착실히 공부할 것이라는 부모의 기대는 착각일 뿐이다. 대부분의 아이들은 학원에 공부하러 가는 게 아니라 친구들을 만나러 간다. 오죽하면, "학원에 전기료를 내러 다닌다"고 말하겠는가?

그나마 오랫동안 핑계가 되어 주었던 입시에 변화가 생길 것이다. 지금 고등학교 2학년이 대학에 갈 시기가 되면 현재 대학 정원이 유지될 경우 입시생의 많은 수가 줄어들고, 중학생이 대학에 갈 시기가 되면 대학 입학 정원보다 입시생 수는 절반 가까이 줄어들 것이다. 그만큼 학생들이 대학에 입학하기가 수월해질 것이다. 더 이상 입시에 매달리지 않아도 된다는 뜻이다. 이제 핑계 댈 곳이 없을뿐더러 핑곗거리를 찾아서도 안 된다.

아이들이 교회학교에 오지 않는 이유는 그냥 예배가 지루하고, 재미가 없기 때문이다. 예배 시간에 무표정하게 앉아 있거나, 의자 밑에 휴대전화를 쥔 손을 감추고 문자 메시지를 주고받는 것은 흔한 풍경이다. 그러다가도 예배가 끝나기가 무섭게 휴대전화를 꺼내 들고 게임에 열중하곤 한다. 차라리 친구들을 만날 수 있는 학원에 가는 게 더 낫다고 생각할 정도다.

어쩌다가 교회가 이토록 재미없고 고리타분한 곳이 되었을까? 나는 교회가 변화하는 환경에 대처하지 못하기 때문이라고 생각한다.

시대의 흐름, 교회도 비켜 갈 수 없다

〈명견만리〉라는 TV 프로그램에서 졸업 후 취직을 못 하고 있는 청년의 인터뷰를 본 적이 있다. 세계 최고의 대학 출신이다. 우수한 성적으로 졸업하긴 했지만 취업이 안 된다. 인터뷰를 보며 상상해 봤다. 저 친구는 초등학교 때 몇 등이나 했을까? 일등이다. 그것도 전교 일등이다. 중학교는 지역에서 일등을 했을 것이다. 고등학교도 광역 도시에서 일, 이등을 했을 것이다.

자녀가 세계 최고의 대학에 다니게 되면, 부모에게는 어떤 변화가 일어날까? 평소 잘 안 가던 시댁에 가고 싶다. 당연히 예일대, 하버드대에 입학한 자식이 화제일 것이다. 안 나가던 동창 모임에서 예일대 다니는 자식을 자랑하고 싶을 것이다. 눈치가 보여 못할 뿐이지, "예일대 학생 엄마"라는 명찰이라도 달고 싶을 것이다. 스펙이 좋은 자식 덕에 날마다 꽃길일 것이다.

졸업만 하면, 구글이나 삼성 같은 세계적 기업에서 모셔 갈 줄 알았다. 그런데 취직이 안 된다. 곧 취직할 테니 이번 달까지만 생활비를 보내 달라고 한다. 그런데 벌써 열 달째다. 힘에 부쳐 한국으로 돌아오라고 해도 자존심에 꿈쩍도 않는다. 명절에 시댁에도 가고 싶지 않다. 예일대 졸업한 아이의 소식을 물어볼 것이 빤하니 속상한 마음이 이만저만이 아니다. 도대체 왜 이런 일이 벌어지고 있을까?

시대의 흐름과 요구에서 답을 찾을 수 있다. 예전에는 지식을 많이 습득한 사람이 유능한 사람이었다. 그러나 지금은 유능한 태블릿 PC 한 대만 있으면 된다. 정보를 검색할 줄 알고, 필요한 분야에 다양한 지식을 접목할 줄 아는 사람이 필요한 시대가 되었다. 기술 혁신의 아이콘으로 불리는 스티브 잡스를 보면 알 수 있다. 그는 MP3 기술을 개발하거나 디지털카메라를 발명한 적이 없다. 다만 휴대전화에 기술을 접목하고, 기계를 결합했을 뿐이다. 이제는 기계마다 인공지능이 탑재되는 시대로 넘어가고 있다. 그러한 변화는 날이 갈수록 가속화될 것이다.

교회라고 해서 그러한 변화를 비켜 갈 수는 없다. 그 영향력에서 자유로울 수도 없다. 옛날에는 성경 통독을 몇 번 했는가에 따라 믿음을 인정받고, 사람들에게서 박수를 받곤 했다. 그렇게 하지 못하면, 기가 죽을 정도였다. 금식은 또 어떠한가? 40일 금식은 훈장과도 같은 것이었다. 그런데 지금은 신앙의 열심이 사그라졌을 뿐 아니라 교회가 세상에 영향을 끼치지 못하고 있다. 무엇이 문제일까?

세상 사람들이 교회를 외면하는 이유는 성경의 가르침이 구시대의 산물이거나 틀려서가 아니다. 진리를 말하지만 정작 생활 속에서 녹여내는 기독교인을 찾아보기 힘들기 때문이다. 예수님은 제자들의 발을 씻기며 낮아지라고 가르치시는데 정작 우리의 기도는 높아지려는 욕망으로 가득하다.

많은 이들이 외면당하고 외롭다는 이유로 교회를 떠나고, 또 교회에서 일어나는 불의로 인해 분노하며 정의감에 불타서 떠난다. 오늘날 교회의 수많은 청장년이 이단에 넘어가고 소위 '가나안 성도'(교회에 안 나가는 성도)가 되어 간다. 따뜻한 사랑에 목말라 교회를 떠나는 사람이 갈수록 늘고 있다.

개인마다 교회를 떠나는 이유와 교회에 대해 느끼는 감정은 다를 수 있지만 교회 이탈이 가속화되는 요즘 근본 원인 파악이 절실하다. 성경은 이에 대해 뭐라고 말씀하실까? 하나님께 사랑받은 자들이 서로 사랑하는 사람들이 '교회'라고 말씀하신다. 성경에는 사람에게 사랑받기를 갈망하라는 말씀이 없다. 사랑은 하나님께 받는 것이다. 그리고 그 사랑을 나누는 것이다. 사람에게는 본래 사랑이 없다. 하나님이 사랑이시다. 하나님께 받은 사랑을 서로 나눌 때 가정도 교회도 하나님 나라가 될 수 있다.

내가 찾은 교회 이탈을 막는 근본 해법은 남아 있는 성도뿐 아니라 떠나려는 사람도 남을 사랑하게 해야 한다는 것이다. 결핍으로 인한 공허는 자신을 채울 때보다 오히려 남을 채울 때 온전히 해결될 수 있다. 그래서 기독교 신앙은 역설이다.

감성을 자극하는 교회 문화가 진짜 위기고 문제일 수 있다. 말씀보다 감성이 앞선 교회는 현재 오히려 더 삭막해져 버렸다. 신앙은 역설적으로 말씀에 집중하고 실천하려 할 때 오히려 마음이 풍성하게 채워진다. 마음에 은혜가 풍성해야 말씀에 집중하고 실천할 수 있는 것이 아니라 오히려 반대다. 인위적으로 감성을 채우려고 애쓸 필요는 없다. 말씀을 토론하고 실천하면 당연히 채워지는 것이다. 은혜를 먼저 받은 뒤 말씀에 순종하려는 잘못된 순서와 방향도 교회의 위기를 불러왔다. 기도가 인간의 욕망으로 가득 채우는 수단이 되었다. 성경을 읽어도 지식에 머무는 신앙이 된 것도 당연한 결과다. 그런 신앙은 힘이 없다.

하나님이 바라는 믿음은 무엇일까? 우리가 원하는 것은 하나님이 무엇이든 이루실 수 있다고 믿는 것일까? 아니면 하나님이 원하시는 것은 죄인이었던 우리를 통해서도 이루실 수 있음을 믿는 것일까? 잘못된 순서가 바로 자신의 안녕만을 바라는 기복 신앙으로 발전했고 이 신앙이 한국교회에 들어와 있다. 텅 빈 교회학교는 그 결과일 뿐이다. 주일학교가 없는 교회가 즐비하다. 청년부가 없는 교회도 많다. 교회가 크던 작던 청년과 학생 수가 빈약해지고 있다.

모두가 "위기"라고 말하면서도 정작 달라지기 위한 행동을 하는 사람은 찾아보기 힘들다는 것이 더 큰 위기다. 변해야 한다고 말만 하면서 행동하지는 않는다.

예수님의 비유에도 말만 하고 행동하지 않는 인물이 등장한다. 아버지가 두 아들에게 포도원에 가서 일하라고 말했다. 맏아들이 시원스럽게 대답하더니 가지 않았고, 둘째 아들은 싫다고 하더니 나중에 뉘우치고 가서 일했다는 것이다.

> 30 둘째 아들에게 가서 또 그와 같이 말하니 대답하여 이르되 싫소이다 하였다가 그 후에 뉘우치고 갔으니 31 그 둘 중의 누가 아버지의 뜻대로 하였느냐 이르되 둘째 아들이니이다 마 21:30-31a

지금까지 우리는 맏아들처럼 입으로만 믿음을 고백해 왔는지도 모른다. 그러나 아버지의 뜻대로 행하는 둘째 아들이 필요한 때다. 그래야 실질적인 변화가 가능하기 때문이다. 교회가 사회로부터 인정받지 못하는 것은 진리가 없어서가 아니다. 세상 사람들이 성경의 진리를 받아들이지 않아서도 아니다. 성도의 생활에서 진리를 보지 못하기 때문이다. 지식만 있고, 실천이 없기에 사회에서 외면당하는 것이다.

말씀의 생명력은 생활 속에서 빛을 발하기 마련이다. 표정과 행동을 통해 믿음이 묻어 나와야 한다. 그리스도의 향기가 없다면, 믿음이 없거나 다른 것을 믿고 있는 것이다.

우리 부부는 결혼 생활 내내 큰소리를 내며 싸워 본 적이 없다. 대개 부부 사이가 좋으면 자녀가 방황하지 않는다고 하던데, 우리 집 큰아이는 달랐다. 왜 그렇게 방황하는지 이해할 수 없었다.

한번은 아내가 첫째에게 물었다.

"네가 보기에 엄마 아빠는 어떤 것 같니? 행복해 보이니?"

"아니, 엄마는 아빠하고 살고 싶어요?"

의외의 대답이었다. 충격을 받은 아내는 며칠 후 둘째에게도 물었다.

"너는 어때? 엄마 아빠가 행복해 보여?"

"아니요. 아빠는 늘 한숨만 쉬고, 힘들다는 말만 하는데…. 뭐가 행복해요?"

너무나 충격이었다. 늘 믿음을 강조하며 말하는 부모의 얼굴에서 아이들은 염려를 봤던 것이다. 당시 교회가 반 토막 날 정도로 어려워서 몸과 마음이 지쳐 있었다. 문제를 해결하기 위해 애쓰고 수고하긴 했지만, 우리 행동에서 믿음과 사랑이 묻어 나오지 않았던 것 같다.

> 너희는 말씀을 행하는 자가 되고 듣기만 하여 자신을 속이는 자가
> 되지 말라 약 1:22

천사의 말을 할지라도 말씀이 몸에서 배어나지 않으면 소용없다는 사실을 뼛속 깊이 절감했다. 이제라도 아이들을 제대로 살피고 돌아봐야겠다고 다짐했다. 화려한 프로그램을 버리고, 성경이 제시하는 길로 나아가기로 했다. 이 일을 계기로 말씀이 몸에 배게 하는 하브루

타 교육에 관한 생각이 더욱 깊어졌다.

말씀은 귀로 배우고 말로 드러내는 것이 아니다. 영혼으로 말씀을 배우고, 몸에서 그 능력이 흘러나오게 해야 한다. 말씀을 지식으로 배우기만 할 게 아니라 실생활에 적용하고 실천하는 일꾼이 되어야 한다는 뜻이다.

지금은 교회를 살릴
골든타임이다

얼마 전 TV에 구글코리아 김태원 상무가 나왔다. 여고에서 강연을 마치고 나오는 길에 학생들이 몰려들어 사인을 요청했다고 한다. 그런데 당황스러운 일이 벌어졌다. 급히 떠나려고 하는 김태원 상무의 넥타이를 누군가가 뒤에서 붙잡은 것이다.

"얘들아, 내가 붙잡고 있을 테니, 빨리 사인 받아!"

김태원 상무는 앞으로 성공하려면 그 여학생처럼 살아야 한다고 말한다. 이게 무슨 말인가? 목표를 달성하기 위해서는 무례하고 저돌적이어야 한다는 뜻인가? 그게 아니다. 그는 그 여학생의 희생정신을 높이 샀다. 자기도 사인을 받고 싶었을 텐데, 친구들을 위해 자신의 기회를 기꺼이 희생했다는 것이다. 그것이 어떻게 유익이 될 수 있을까?

논리는 이렇다. 그 정도로 희생정신이 높은 학생이라면, 그런 행동을 자주 할 테고, 따라서 친구들 사이에서 인기가 높을 것이다. 인기, 즉 명예를 얻는 것이다. 친구들은 그 학생의 말에 호응하며 잘 따라 줄 것이다. 말의 힘, 즉 권력이 생기는 것이다. 훗날, 사회에 진출하여 무슨 일을 하든지 친구들이 곁에서 경영을 도와줄 것이다. 재화, 즉 부가 쌓이는 것이다. 이처럼 자기희생의 뒤로 명예와 권력과 부가 따라온다. 다소 황당하기는 하지만, 결국 미래에는 남의 성공을 돕는 자가 성공하는 사회가 될 것이라는 말에 공감되었다.

자기희생은 결코 손해가 아니다. 오히려 더 큰 복으로 돌아온다. 어디서 많이 듣던 소리 같지 않은가? 우리는 주일학교에서부터 남을 나보다 낮게 여기고, 남을 위해 살라는 내용의 설교를 수없이 들어왔다.

> 주라 그리하면 너희에게 줄 것이니 곧 후히 되어 누르고 흔들어 넘치도록 하여 너희에게 안겨 주리라 너희가 헤아리는 그 헤아림으로 너희도 헤아림을 도로 받을 것이니라 눅 6:38

4차 산업혁명으로 인한 격변이 오히려 인성의 중요성을 높이는 계기가 되었다. 지식과 정보를 얼마든지 구할 수 있는 시대가 되면서, 자기밖에 모르는 똑똑한 사람보다 협력하고 포용할 줄 아는 사람의 가치가 높이 인정되는 사회로 변해 가고 있다. 한마디로 인성의 시대가

다가오고 있다.

성경은 이미 지혜, 믿음, 공감능력, 협업능력, 포용능력 등 인성의 여러 속성을 강조해 왔다. 인성의 시대의 도래는 그야말로 교회에 다시없는 기회다. 나는 드디어 크리스천의 시대가 왔다고 믿는다.

교회가 위기에 흔들리는 것처럼 보이지만 실은 기회를 맞이하고 있는 것이다. 그런 의미에서 지금이 골든타임이다. 다음세대를 제대로 교육하기만 한다면, 교회는 다시 일어설 수 있을 것이다.

세상의 교육법이 눈에 띄게 달라지고 있다. 급속도로 변해 가는 학교 교육을 눈여겨볼 필요가 있다. 일명 "거꾸로 교실"(flipped-learning)이라는 역진행 수업 방식이 도입되고 있다. 2015 개정 교육과정에 따라 2017년 초등학교 1, 2학년 교실에 이야기하는 교육, 질문하는 교육, 융합 교육 등 거꾸로 교실 프로그램이 도입되기 시작했다.

우리나라 교사들의 높은 수준을 생각하면, 이러한 변화가 곧 자리 잡을 것으로 생각된다. 양방향 소통 교육을 위한 변화의 바람은 유행으로 끝나지 않을 것이다. 오히려 4차 산업혁명과 맞물려 가속화될 것이다.

학교의 변화는 반갑지만, 교회의 정체가 걱정되는 것이 사실이다. 생각해 보라. 학교 교실에서 펼쳐지는 재미있는 선진 교육을 맛본 아이들이 지루한 교회 공과 시간을 어떻게 견디겠는가? 당장 변화를 시도하지 않으면, 위험에 처할 수 있다.

세계적인 필름 제조회사인 코닥은 세계 최초로 디지털카메라 기술을 개발해 놓고도 시대 변화에 제때 적응하지 못해서 망하기 직전

까지 가야 했다. 시대의 급물살을 외면한 채 넋 놓고 앉아 있으면, 산산이 부서질 수밖에 없다는 교훈을 남긴 유명한 사례다. 그러나 어떻게 대비하느냐에 따라 미래는 달라질 수 있다. 가장 훌륭한 교육법으로 오랫동안 성경을 교육해 온 교회가 코닥처럼 시대의 물결에 휩쓸려가게 해서는 안 될 것이다.

미래학자 최윤식 박사는 2050년이 되면 한국교회에는 70대 이상만 남는 고령화 교회가 될 것으로 예측했다. 2017년 현재 기준으로 37세 이하 세대가 교회에서 사라진다는 뜻이다. 37세 이하의 성도가 적을수록 고령화가 빨리 진행된 교회라고 할 수 있다. 경각심을 갖고 교회가 세대의 불균형으로 무너지지 않도록 방법을 강구해야 한다. 무엇보다도 교회 교육이 달라져야 한다.

교사부터 변해야 한다

교회 역사상 설교를 가장 많이 들을 수 있는 시대에 살고 있지만, 성도들 마음속에는 말씀이 없다. 기억에 남지도 않을 말씀 교육을 계속하고 있기 때문이다. 전도하다 보면, 과거에 주일학교 학생부 임원이었다는 사람을 의외로 자주 만난다. 기존 교육이 얼마나 비효율적이었는지를 보여 주는 증거다. 더 심각한 것은 이 모든 것을 알면서도 옛날 방식을 내려놓지 못한다는 것이다.

글자도 안 배운 어린아이가 찬송가를 제대로 부르고, 주기도문과 사도신경을 줄줄 암송하는 것을 본다. 내가 보기에도 기특한데, 부모의 눈에는 오죽하겠는가? 부모의 어깨에 힘이 절로 들어간다.

그런데 문제는 그 어린아이가 과연 의미를 알고 외우는가 하는 것이다. 한글을 읽고 쓴다고 해서 글을 깨우친 게 아니듯이 주기도문을 외운다고 해서 믿음이 심긴 것은 아니다. 대체 몇 살이나 되어야 말씀의 뜻을 알고 암송할 수 있을까?

중학생에게 "하나님이 너를 사람을 낚는 어부가 되게 하시면 좋겠다"고 덕담을 했더니 의외의 반응을 보였다. "사람을 낚아요? 그러면 안 되죠?" 다른 학생들에게도 똑같은 말을 해 주었다. 학생들의 반응은 비슷했다. 성경 말씀을 읽고도 그 뜻을 알지 못하기 때문이다. 그러니 맥락 없이 대답하곤 한다. 이와 비슷한 사례는 얼마든지 있다.

학생들 대부분은 성경 본문을 읽고 요약하지 못할 뿐만 아니라 질문을 만들지도 못한다. 교사의 질문에 겨우 한두 마디 대답하는 게 전부다. 학교 성적이 높은 학생도 예외 없이 그렇다. 서로 질문하고, 의견을 주고받는 데 익숙하지 않은 것이다. 그러다 보니 대화를 할 수가 없다.

학생이 예배에 출석하고, 교사가 공과 시간에 가르쳤다고 안심해서는 안 된다. 유럽 교회처럼 되지 않으려면, 현실을 직시하고 길을 모색해야 한다. 새로운 프로그램을 도입하는 것으로는 어림도 없다. 교육이 변해야 하고, 교사가 먼저 달라져야 한다.

교육 혁명이란 말을 흔히 쓰지만, 아이들을 변화시켜서 되는 문제가 아니다. 양육자의 생각이 바뀔 때에야 비로소 혁명이 가능하다. 교육을 결정하는 주체가 어른이기 때문이다. 자녀의 학습지를 누가 고르는가? 학원을 결정하는 사람 또한 누구인가? 모두 어른이다.

어른이 먼저 변하지 않고, 양보하지 않으면서, 아이들에게 변화를 기대하기는 어렵다. 아이들이 변화의 기회를 스스로 만들 수는 없다. 부모와 교사가 변하지 않으면, 우리 자녀와 학생이 그만큼 구원에서 멀어진다. 지금이 아니면 기회를 얻기 힘들다.

앞으로는 아이들을 입시 기계처럼 밤늦게까지 학원으로 돌린다면, 큰 낭패를 보게 될 것이다. 인성이 갖추어지지 않은 지식은 외면당할 것이기 때문이다. 새로운 시대를 위한 준비가 되어 있지 않은 가정이나 교회는 허리케인처럼 들이닥치는 급격한 변화에 허무하게 무너지고 말 것이다.

인성은 책상에서 공부하는 것으로 길러지지 않는다. 오랜 시간 경험을 통해 빚어진다. 독서실 칸막이 안에서 벼락공부를 해서라도 성적은 올릴 수 있지만, 인성은 결코 단시간에 갖춰지지 않는다. 어려서부터 훈련받아야 하며, 몸에 습관으로 배어야 한다.

사실, 친구들과 어울려 노는 것만으로도 많은 것을 배울 수 있다. 순서를 기다릴 줄 알아야 하고, 협상도 할 줄 알아야 하기 때문이다. 그만큼 눈치 볼 줄도 알고, 양보할 줄도 알아야 한다. 그런데 요즘 아이들은 더불어 사는 것은 고사하고 서로 어울려 대화를 나눌 줄도 모른다. 가족 외에는 다양한 사람과 어울려 본 경험이 거의 없기 때문이다. 방학 때 성경학교나 문화센터 이벤트에 참여하는 것으로는 절대적으로 부족하다. 우리가 어린 시절 골목 흙바닥에 앉아 놀면서 자연스럽게 배웠던 것들을 요즘 아이들은 돈을 내고 배워야 한다.

공과 시간에 지루하거나 조금만 불편해져도 어깃장을 놓으며 분위기를 흐려 놓는 아이들이 많다. 나는 그것을 원숭이 짓이라고 부른다. 자신이 그렇게 함으로써 선생님과 친구들의 마음을 상하게 한다는 생각을 하지 못한다. 눈치가 없는 것이다. 그런가 하면, 지나치게 마음이 여리고, 자신감이 없는 아이도 있다. 휴대전화 들여다볼 때 빼고는 매사 의욕이 없다. 이처럼 통제가 어려운 아이들 앞에 어찌할 바를 몰라 하는 부모와 교사가 날로 늘어간다.

변화는 더 이상 선택이 아닌 필수다. 말씀 교육이 변해야 교회가 살고, 가정이 산다. 말씀은 머리가 아닌 몸으로 배워야 한다. 생활에서 습관으로 스며 나와야 한다. 운동선수가 기술 이론을 아무리 숙지하고 있어도, 몸으로 기술을 익히지 않으면 능력을 발휘할 수 없다. 어떤 분야든 프로는 머리가 아닌 몸이 기억할 때까지 반복하여 훈련한다.

성경 말씀도 그렇게 몸으로 배우고 익혀야 한다. 그러나 대부분의 성도들은 성경을 스스로 읽고 이해하려고 하지 않는다. 목회자나 교사에게 위탁해 버리고 마는 것이다. 스스로 질문하고, 스스로 답을 찾기보다는 교사의 해석을 정답처럼 받아들인다. 어떤 수준 높은 해석도 자기 것으로 만들지 않으면, 사실상 믿음에는 별 도움이 안 되는 허섭스레기 지식이 되고 만다.

실제로 잘못된 성경 상식이 얼마나 많은지 모른다. 창세기 11장에 하나님을 대적하여 높이 쌓아 올린 탑의 이름을 물으면, 거의 모두가 '바벨탑'이라고 대답한다. 하지만 성경 어디에도 그런 표현은 없다. 또한, 노아가 동물을 한 쌍씩 방주에 실었다고 알고 있는 사람이 많다. 그렇다면, 방주에서 나와 번제를 드리고 나면, 그 동물은 멸종하고 마는 것이 아닌가? 성경은 새와 정결한 짐승은 일곱 쌍씩, 부정한 짐승은 두 쌍씩 방주에 올랐다고 기록하고 있다(창 7장). 그뿐만 아니라, 당시 사람들이 방주를 만드는 노아를 비난하며 조롱했다고 아는 사람이 많다. 그러나 성경에는 그런 기록이 없다. 물론, 개연성이 전혀 없는 이야기는 아니지만, 문제는 성경을 읽어 보지도 않고, 떠도는 이야기를 사실로 받아들인다는 것이다.

예수님은 승천하신 모습 그대로 다시 오겠다고 말씀하셨다. 또 다시 사람의 몸으로 오시는 일 따위는 없다는 뜻이다.

> 이르되 갈릴리 사람들아 어찌하여 서서 하늘을 쳐다보느냐 너희 가운데서 하늘로 올려지신 이 예수는 하늘로 가심을 본 그대로 오시리라 하였느니라 행 1:11

성경을 읽고 확인하는 습관이 없으니 말도 안 되는 소리에 현혹되어 이단의 꾐에 넘어가기도 한다.

강압적인 분위기에서 당위만 강조해 봤자 믿음은 주입되지 않는다. 일방적으로 거룩만 강조해서도 삶을 변화시킬 수 없다. 복음 위에 스스로 설 수 있도록 일방이 아닌 쌍방으로 소통하는 교육을 해야 한다. 피드백이 없는 교육으로는 단단한 믿음을 쌓을 수 없다.

교사의 참 역할은 무엇일까

하브루타는 우정 혹은 동반자 관계를 의미하는 아람어에서 유래했고, 친구나 짝을 뜻하는 히브리어 '하베르'와 어원이 같다. 짝을 이루어 서로 질문을 주고받으며 논쟁하는 유대인의 전통적인 토론 교육 방법이다. 토론 놀이라고 할 정도로 자유롭다.

그런데 하브루타를 하고자 하는 교사들이 가장 먼저 직면하게 되는 상황은 침묵이다. 간단한 대화조차 힘들다. 평소에는 조잘조잘 잘만 떠들던 아이들에게 하브루타라는 멍석을 깔아 주었더니 좀체 입을 열지 않는다. 게임 이야기라도 좋으니 아무 말이나 해보라고 해도 '멍석 콤플렉스'를 이기지 못한다. 말을 해야 토론을 할 텐데, 모두 꿀 먹은 벙어리가 된다. 왜 놀 때는 잘만 떠들던 아이들이 소그룹이나 대중 앞에서는 꿀 먹은 벙어리가 될까?

학생들이 마음의 문을 열지 않아서 그렇다고 쉽게 진단하곤 하지만, 쉬는 시간에 교사와 노는 모습을 보면 그것도 아니다. 하브루타 수업에서 거의 말이 없던 학생과 휴게실에서 이런저런 이야기를 나누어 봤다. 꽤나 이야기를 잘한다. 그런데 공과 시간만 되면 입을 꾹 다물고 만다. 편안한 분위기에서 자유롭게 대화하려면 어떻게 해야 할까? 왜 아이들은 어른 앞에서 입을 닫을까?

그동안 수없이 고민하며 수많은 시행착오를 겪었다. 아이들끼리 이야기를 나누라고 하면 알맹이가 없고, 교사가 관여하면 아이들이 입을 다물어 버린다. 여러 원인 중의 하나로 경험 부족을 들 수 있다. 멍석 위에 둘러앉아 도란도란 대화를 나눠 본 경험이 부족하다는 뜻이다. 자기 의견을 말하는 데 부담감을 느끼고, 혹시라도 남들이 웃을까 봐 염려하며 두려워한다.

그런데 교사 대부분은 이미 정해진 답을 가지고 있다. 교사는 성경을 가르치고 교훈을 주어야 하며, 학생은 가르침을 배우고 교훈을 들어야 한다는 것이다. 입으로는 자유롭게 말해 보라고 하지만, 아이들의 엉뚱한 생각과 엇나간 의견을 조용히 무시한다. 결론은 "내 말을 들어라"가 된다.

하지만 교사란 학생들의 설익은 생각에 자기 생각을 덧입히는 존재가 아니라 학생 스스로 자기 생각을 발전시켜 가도록 곁에서 돕고 지원하는 존재다. 하브루타를 실시하기 전에 교사는 스스로 질문해야 한다. 예배에 출석한 학생들이 과연 마음과 생각으로도 예배를 드리고 있을까? 설교를 얼마나 이해할까? 아이들이 왜 헌금하고, 왜 봉사하는 것일까? 질문하지 않으면, 알 길이 없다.

해마다 주일학교에서 흔히 보이는 장면이 있다. 새 마음으로 무장한 교사가 매우 상냥하고 친절하게 학생들을 맞이한다. 아이들도 설레는 마음으로 주일을 기다린다. 교회에 온 아이들이 두리번거리며 누군가를 찾는다. 복도 끝에서 누군가와 이야기하며 바쁘게 지나가는 교사를 발견하고는 아이들이 반갑게 인사하지만, 교사는 준비 모임에 늦었는지 대충 알은체하고는 사라져 버린다. 그런 일이 몇 번 반복되면, 아이들은 "그러면 그렇지" 하고 새 선생님에게 열려고 했던 마음 문을 서서히 닫고 만다. 그러고는 공과 시간에 초점 없는 눈으로 몸을 틀고 앉아 교사의 말을 듣는 둥 마는 둥 한다.

교사들도 할 말은 있다. 주일에 처리해야 할 일들, 가르쳐야 할 공과 내용으로 머릿속이 꽉 차 있어 아이들의 마음을 돌아볼 여유가 없을 수 있다. 그러나 학생보다 일을 우선해서야 되겠는가? 자기도 모르는 사이에 학생들을 뒷전으로 물리고 말았다는 사실을 알아야 한다.

학교에도 교회에도 교사만 가득하고, 정작 선생님은 없다. 교사는 말 그대로 가르치는 사람이다. 그러나 선생님은 먼저 태어난 자로 학생들을 안아 주고 끌어 주는 존재다. 그래서 교사가 아닌 선생에 "님" 자가 붙는다. 아이들에게는 교사보다 선생님이 필요하다. 사람과 사람이 만나고, 영혼과 영혼이 만나는 교육이 필요하다.

나는 교사들에게 학생을 만나면 갈비뼈가 으스러지도록 안아 주라고 말한다. 반갑게 인사하는 학생에게 건성으로 답하지만 말고, "조금 있다가 공과 시간에 만나자" 하고 어깨를 토닥여 보라. 아이들의 눈빛이 달라진다. 공과 시간이 끝난 뒤에 교사 혼자 남아 뒷정리에 바쁠 필요가 없다. 학생들과 함께 정리하고, 일일이 인사하며 배웅해 보라. 공과에 참여하는 아이들의 태도가 달라질 것이다.

무엇을 해서 아이들을 바꾸려 하지 마라. 영혼과 영혼이 만나고, 사람과 사람이 이어지면 아이들이 스스로 변한다. 대화 기술, 토론 기법은 사람을 만날 줄 아는 사람에게 주어질 때에야 비로소 효과를 발휘한다. 하브루타는 학습이 아닌 사람을 만나는 것으로 시작되어야 한다. 제대로 인사하는 것에서부터 시작한다고 해도 무방하다.

하브루타는
하나님의 명령이다

하브루타는 하나님의 방법이며 하나님의 명령이다. 신명기 6장 7절 강론(講論)의 실천이다. 성경은 부모가 자녀에게 부지런히 하나님의 계명을 가르쳐야 한다고 명령한다. 그리고 가르치는 방법까지 세세히 알려 주며, 말씀을 늘 기억하고 생각하도록 표와 기호를 만들라고 한다.

> 4 이스라엘아 들으라 우리 하나님 여호와는 오직 유일한 여호와이
> 시니 5 너는 마음을 다하고 뜻을 다하고 힘을 다하여 네 하나님 여
> 호와를 사랑하라 6 오늘 내가 네게 명하는 이 말씀을 너는 마음에

새기고 7 네 자녀에게 부지런히 가르치며 집에 앉았을 때에든지 길을 갈 때에든지 누워 있을 때에든지 일어날 때에든지 이 말씀을 강론할 것이며 8 너는 또 그것을 네 손목에 매어 기호를 삼으며 네 미간에 붙여 표로 삼고 9 또 네 집 문설주와 바깥문에 기록할지니 라 신 6: 4-9

부모와 자녀는 단순히 가르치고 배우는 관계를 벗어나서, 처음부터 함께 걸으며 주고받는 관계라는 것이다. 이처럼 아이들을 가르침의 대상으로만 보지 않고, 함께 걸어가는 파트너로 보는 것이 하브루타의 정신이다. 자녀와 끊임없이 대화를 나누며 신명기 5장의 십계명을 가르쳐야 한다. 십계명이 하나님과 더불어 살아가는 법, 사람과 더불어 살아가는 법을 가르쳐 주기 때문이다.

나는 하브루타를 배우기 전에 강론을 설교나 훈계 정도로 이해하고 있었다. 하지만 강론은 몸에 익힐 때까지 말하고 대화하는 것이다. 또 말씀을 실천해 보면서 서로의 생각을 끈질기게 나누고 토론하고 논쟁하는 것이다. 일방적으로 가르치고 배우는 것이 아니라 대화와 토론으로 상호작용함으로써 말씀을 익히고 마음에 새기는 것이다.

우리는 말씀이 마음에 와 닿으면 새겨진 것이라 착각한다. 하지만 그것은 비가 오고 바람이 불면 사라져 버리는 돌판에 붙여 놓은 종이 같은 것이다. 기도하고 예배드리는 것도 마찬가지다. 비나 바람이 오기 전에 말씀을 드릴로 새겨야 사라지지 않는다. 그러면 말씀을 어떻게 새겨야 할까?

많은 성도가 하나님의 은혜에 감동을 받아 눈물을 흘리거나 회개하고 감사하면서도 삶의 변화는 미미한 것을 보면서 문제의 원인은 찾았지만, 대책 방안은 막막했다. 서점으로 달려가 눈에 들어오는 책을 모조리 사서 밤을 새워 가며 읽었다. 나는 세계 각 나라의 교육법 자료를 찾던 중 하브루타를 알게 됐다. 하브루타가 신명기 6장에서 하나님이 명령하신 말씀에 근거하고 있다는 것을 알고는 '이것이다' 하고 무릎을 쳤다.

하브루타는 그동안에 실시했던 '출석률을 높이기 위한 흥미 유발형 프로그램'들과는 차원이 다르다. 다양한 프로그램으로 학생들의 관심을 끌어 봤지만, 신앙 교육에는 턱없이 부족했다. 영어 예배를 개설하면, 부모들이 영어 욕심에 큰 관심을 보이지만 정작 학생들의 신앙 성장에는 별 효력을 발휘하지 못했다. 젊은 분위기의 경배와 찬양을 드려 봐도, 학생들은 교회를 빠져나가자마자 귀에 이어폰을 꽂고 세상 노래를 듣는다. 총체적 난국이다. 교회학교가 무너져 가는데도 제대로 손쓰지 못하고 당하기만 하는 기분이었다.

변화의 노력이 없는 것은 아니지만, 자세히 들여다보면 대부분 아이들을 변화시키는 데 집중하고 있다. 그러나 변화의 대상은 아이가 아니라 어른이어야 한다. 교육의 변화는 그 출발점부터 달라야 한다. 어른들이 고정관념부터 내려놓고 물러서야 한다. 교육 문제는 유행을 좇는 탁상행정으로 쉽게 해결되지 않는다. 아이들의 생각과 마음을 들여다보며 처음부터 학생들과 함께 고민하고, 함께 만들어 가야 한다.

광야에서 강론을 처음 시작한 이스라엘 백성들은 어떤 사람들이었을까? 아론 제사장의 주도로 금송아지를 만들었던 것을 볼 때, 하나님을 섬기면서도 하나님에 관해서는 아는 것이 별로 없던 사람들임을 알 수 있다.

어쩌다가 자신들과 생김새가 다른 이집트 민족의 노예가 되었는지 그들은 알았을까? 왜 말이 다른 이집트 땅에 살게 되었는지 알았을까? 조상 아브라함이 받았던 언약의 내용을 알기나 했을까? 조상의 고향이 어디인지는 알았을까? 가나안이라는 지명과 방향은 알고 있었을까? 알았다면, 그 의미와 중요성도 알았을까? 그들이 광야에서 불평한 모습을 보면, 모르고 있었음이 분명하다. 어쩌면 하루하루 삶의 무게가 너무 무거워서 하나님의 말씀에는 관심을 가질 여력이 없었을지도 모른다.

교사를 못하겠다는 사람들은 대개 성경을 잘 모른다는 핑계를 댄다. 하지만 노예로 살던 이스라엘 백성에 비하면, 어떤 핑계도 용납될 수 없다. 무엇보다도 하나님이 부모에게 내리신 명령이기에, 마땅히 자녀에게 말씀을 강론해 주어야 한다.

인도에서 얼마간 지낸 적이 있다. 인도는 영국의 오랜 식민지였으며, 아직도 카스트(caste)라는 신분 제도가 존재하는 나라다. 하층민들은 노예처럼 지극히 피동적이며 여간해서는 책임질 행동을 하지 않는다. 스스로 선택하거나 결정하는 일이 없다.

한번은 한국에서 두란노 경배와찬양 팀이 와서 집회를 인도하기로 했다. 찬양팀이 인도어로 찬양하기로 했는데 문제가 생겼다. 인도에서는 지금도 서양식 악보를 사용하지 않는다. 그래서 우리에게 익숙한 복음성가나 찬송가를 그들은 부르지 않는다. 자기들만의 장단과 리듬에 맞춰 찬양하곤 한다. 그래서 찬양팀이 단시간에 인도 찬양을 배우기는 힘들 것 같았다.

결국, 인도인에게 복음성가를 가르쳐 녹음한 후에 한국으로 보내기로 했다. 녹음을 마친 후 테이프를 한 형제에게 주며 우편으로 급발송해 달라고 부탁했다. 그런데 다음날까지도 꼼짝 않기에 그 형제에게 왜 아직까지 시내 우체국에 가지 않았느냐고 물었더니, 황당한 대답이 돌아왔다. 재정 담당 형제가 없어서 안 갔다는 것이다. 그러면 내게 얘기했어야 하지 않느냐고 했더니, 그런 경우에 얘기하라고 한 적이 없어서 가만히 있었다고 했다. 노예의식으로 가득 찬 사람을 변화시킨다는 것은 결코 쉬운 일이 아니라는 것을 절감했다.

그런데 하나님은 노예로 태어나 자랐던 사람들에게 자녀를 가르치라고 말씀하신다. 그리고 방법을 제시하신다. 바로 강론이다. 그 강론의 실천이 바로 하브루타다. 하브루타는 자녀의 인생을 건지시는 하나님의 축복인 셈이다.

강론은 구약에 두 번, 신약 사도행전에 여덟 번 나온다. 대부분 "무엇에 관해 말하다(talk about)로 번역되었으며, "이유를 설득하다"(reason), "논쟁하다"(arguing), "의논하다"(discuses) 등으로도 번역되었다.

예수님도 하브루타로 가르치고 사역하셨다. "사람들이 인자를 누구라 하느냐"(마 16:13)라는 질문으로 대화를 나누시다가 베드로의 신앙고백을 들으셨다. 야곱의 우물 곁에서 사마리아 여인과 질문으로 대화를 나누시는 등 신약에 기록된 예수님의 질문은 총 320회 정도다.

사도 바울도 가는 곳마다 회당에서 강론했다고 성경은 증언한다. 강론은 유대인 생활에 깊숙이 자리 잡은 일상이다. 하브루타는 짝과 함께 하나님과 더불어 살아가는 법, 사람과 더불어 살아가는 법을 계속 이야기하며 배우는 것이다.

강론은 단순히 말로만 하는 것이 아니다. '익힐 강(講)'과 '논할 논(論)'이 만나 강론이 된 것만 봐도 알 수 있다. 단순히 이야기하는 것을 넘어서 몸에 익히고 실천하며, 또다시 이야기하는 것이다. 그런 과정을 통해 말씀의 뜻을 더욱 깊고 넓게 이해할 수 있게 된다.

하브루타와 QT의 차이에 관한 질문을 받곤 한다. 적용과 목적에 차이가 있다. QT가 깨달음을 적용하는 것이라면, 하브루타는 말씀을 좀 더 깊이 이해하기 위해 하나님의 명령을 그대로 실천하는 것이라고 할 수 있다. 배움의 연장으로서 실천하는 것이다.

유대인의 안식일 준수는 안식일에 관해 깨달은 바가 있어서가 아니었다. 깨달음이 있든지 없든지 상관없이 안식일에 해도 되는 일과 해서는 안 되는 일이 무엇인지 고민하며 행동했다.

'식사를 준비하기 위해 불을 피우는 것은 안식일을 어기는 것일까?'
'전기 스위치를 켜는 것은 안식일을 어기는 것일까?'

그들은 말씀이라는 다림줄에 맞추어 행동을 결정한다. 물론, 지나친 면도 있지만, 그렇게 하고자 하는 방향과 고민은 옳다.

"네 이웃을 네 자신 같이 사랑하라"(마 22:39)처럼 주님의 명령은 간단하다. 이웃의 범위나 사랑의 개념을 올바로 이해하는 과정이 필요하겠지만, 중요한 것은 실천이다. '지금 내가 하는 일은 이웃을 나 자신같이 사랑하는 것일까?' '이렇게 하는 게 말씀에 맞는 것일까?' 고민하고 행동해야 한다. 만나는 대상이 다양하고, 상황도 다양하지만 말씀의 다림줄에 생활을 비추어 행동하면 할수록, 주님이 왜 내 이웃을 나 자신 같이 사랑하라고 하셨는지를 더욱 깊이, 더욱 넓게 깨우치게 된다.

이것은 책상에서 나누는 성경공부로는 미처 알 수 없는 숨겨진 메시지다. 하브루타의 실천은 하나님의 말씀을 다림줄로 삼아 자기 생활을 지속적으로 비추어 보는 것이다.

그동안 하브루타를 하면서 "무엇에 관해 말하라"(talk about)는 간단한 명령에 참으로 다양한 복이 무궁무진하게 담겨 있음을 실감했다. 노예로 살아온 사람들에게 하나님이 왜 강론을 말씀하셨는지 알 것 같다. 가장 쉽지만 강력한 변화를 가져오는 방법이 바로 하브루타이기 때문이다.

우리도 죄의 노예로 태어났다. 하브루타가 필요하지 않은 사람은 지구 상에 아무도 없다. 이집트와 바벨론에서 노예 생활을 했던 이스라엘 민족이 할 수 있다면, 누구라도 할 수 있다.

하브루타는
차원이 다르다

교육의 목적에는 지식을 얻는 것 외에도 많은 영역이 있다. 첫째
는 지적 힘을 키우는 것이고, 둘째는 마음의 힘을 키우는 것이다. 마지
막으로 관계 능력을 키우는 것이다.

교육의 목적은 지적 힘을 키우는 것이다

지적 능력은 두 가지로 나뉜다. 새로운 지식을 습득하는 능력과
습득한 지식을 다른 분야에 활용하는 영역이다. 그동안 가장 많은 시
간과 에너지를 투자한 부분은 새로운 지식을 습득하는 것이었다. 봉건

시대에는 글자를 읽고 쓸 수 있는 것만으로도 권력이 되었다. 문맹에서 벗어난 산업 사회에서는 지식을 많이 갖는 것이 힘이었다.

이제 4차 산업혁명 시대가 되었다. 인공지능이 빅데이터와 음성 인식으로 연결되어 많은 변화가 일어나고 있다. 누구라도 지식과 정보에 쉽게 접근할 수 있는 시대다.

"하브루타가 무엇이지?"

명령 한마디에 많은 정보를 즉각 얻을 수 있고, 세계 각국 언어가 동시통역된다. 어려운 수학 문제를 풀거나 다양한 외국어를 구사하는 모습은 여전히 매력적이고 훌륭하지만, 돈을 들여가면서까지 그들의 능력을 사지는 않는다. 인터넷에 검색하면 대부분 해결되기 때문이다.

학생들은 이제 공부할 필요가 없겠다고 말하지만, 나는 단호하게 말한다. "아니, 그래서 더 공부해야 한다"고 말이다. 지식은 단순히 암기하는 것보다 이해하고 활용하는 것이 중요하기 때문이다. 컴퓨터가 암기의 수고를 덜어 주긴 했지만, 이해를 도와주지는 않는다. 이해와 활용은 우리 몫인 것이다.

"설명하지 못하면 모르는 것"이란 말이 있다. 상당수 크리스천은 복음으로 구원받았음에도 불구하고, 복음에 관해 잘 설명하지 못한다. 많이 들어서 알 법도 한데, 말로 설명까지는 못한다. 성경 교육은 암기보다 이해 중심이어야 한다. 단어의 뜻뿐 아니라 본문이 전달하고자 하는 명확한 뜻을 이해하는 것이 중요하다.

마음의 힘을 키운다는 것은 불편함을 대면하고 이기는 능력과 타인을 돌아보는 능력이다. 교육 현장에서 아이들은 마냥 즐거울 수는 없다. 때론 어렵고 힘들다. 학생이 힘들어하면 교사들은 당황한다. 우리도 모르게 은혜는 아름다운 꽃길이라 여기기 때문이다.

성경에는 오히려 반대의 경우도 많다. 하나님의 부르심이 부담되고 괴로운 경우도 많다. 모세가 그랬고 이사야, 느헤미야가 그랬다. 하나님의 은혜가 꽃길보다는 고난의 길도 많았다. 다윗이 그랬고 바울이 그랬다. 또 우리 주님도 그러셨다.

부모나 교사의 역할은 자녀에게 봄날을 만들어 주는 것이 아니다. 불편하고 힘든 상황을 이겨 낼 수 있도록 돕는 것이다. 피하거나 포기하지 않도록 격려하는 존재라는 뜻이다. 불편한 환경을 직면하고 이길 수 있도록 이끄는 것이 교육이다. 믿음의 인내를 배우도록 이끌며, 자기 십자가를 기꺼이 질 수 있는 사람으로 자라게 해야 한다.

마음의 힘을 키우는 교육은 나만이 아닌 타인을 돌아보게 한다. 이웃 사랑의 실천이다. "공부해서 남 주느냐"라는 소리를 한두 번쯤 들어봤을 것이다. 옳은 소리다. 공부는 남에게 주기 위해서 해야 한다. 출세해서 잘 먹고 잘살라고 하는 것이 아니라 이웃에게 도움이 되라고 교육하는 것이다. 복 받고 잘살기 위해 신앙을 갖는 것이 아니니만큼 선택의 복을 받은 자로서 연약한 사람들을 이끌어 주어야 한다. 그동안 교회가 올바로 교육했다면, 이렇게까지 어렵게 되지는 않았을 것이다.

인터넷과 통신이 발달하면서 지적 능력이 차지하는 비중이 급격히 줄고, 인성과 관계 능력이 부각되고 있다. 그동안 우리는 교육 하면 지식을 습득하는 것으로만 생각했다. 지혜와 마음의 힘은 뒷전이었다. 지식만 갖추면 사회에 나가 능력을 발휘하고 잘살 줄 알았던 것이다.

마음의 힘은 혼자서 배울 수 없다. 인간관계 속에서 여러 모양으로 부딪혀 가며 습득해야 한다. 지식과 지혜도 인간관계 속에서 배워야 한다. 그것이 성경의 가르침이고, 그것이 하브루타다.

기업들은 인성의 중요성을 오래전부터 파악해 왔다. 인성이 취업에서 차지하는 비중이 날로 커져 간다. 기업은 동료와 협력하고 시너지 효과를 낼 수 있는 사람을 찾고 있다.

기업에서 자기소개서를 요구하는 것은 지원자의 인생 이야기와 문장력을 보면 그가 지닌 정서와 더불어 지적 수준까지 알 수 있기 때문이다. 그런데 요즘은 대부분 전문 학원에서 써서 제출한다. 대학 입시용 자기소개서를 쓸 때도 학교나 학원의 도움을 받는다. 이제는 자기소개서의 변별력이 없어져서, 대기업들이 공채 때 인성 검사를 하기 시작했다. 도전성이 높으면 영업직으로, 도덕성이 높으면 재정부로 배치하는 식이다. 앞으로는 뇌파 검사까지 할지 모른다.

세상은 "거꾸로 교실"이나 프로젝트 수업을 통해 변화에 민감하게 대처하고 있다. 심지어 성경의 하브루타 교육법마저도 일반 교육계에서 먼저 시작했다. 그동안 교회는 늘 뒷북만 쳐 왔던 것이다.

하지만 교회가 세상보다 앞서가던 때도 있었다. 특별한 음악 교육이 없을 때, 교회는 손으로 악보를 그려 가며 찬양을 가르쳤다. 별다른 문화생활이 없을 때, 교회는 문학의 밤이나 크리스마스 행사를 통해 마을에 문화 잔치를 열어 주었다. 교회 교육이 사회보다 앞서갈 때 부흥도 있었던 것이다.

이제 다시 기회가 왔다. 한동안 문화, 교육 등 많은 분야에서 사회에 뒤처져 왔지만, 이제 다시 교회가 사회보다 앞선 교육을 할 수 있게 되었다. 하브루타 교육은 교회의 질적·양적 부흥의 가장 확실한 기회이며 축복이다. 학교나 학원도 하브루타를 도입하긴 했지만, 해마다 학생들이 바뀐다. 또한, 학교와 학원은 학습법에 치중할 수밖에 없는 구조다. 하지만 교회는 다르다. 성경이 있기에 참 정신을 심을 수 있고, 장기적으로 함께하며 얻을 수 있는 것이 무궁하다. 교육의 깊이가 다를 수밖에 없다.

유대인의 교육법을 군이 배워야 하느냐고 묻는 사람도 있다. 하지만 하브루타는 유대인의 교육법이 아니다. 성경에서 가르치는 하나님의 방법이다. 유대인은 오래전부터 실천해 왔고, 이제 우리가 시작하려는 것이다. 다시 말해서 유대인의 방법이 아닌 하나님의 방법을 배우는 것이다. 우리보다 훨씬 먼저 시작한 유대인들의 사례를 참고할 수는 있겠지만, 우리의 진짜 목표는 이 시대 한국형 하브루타를 찾아 실천하는 것이다.

같은 것을 배우는데, 왜 결과가 다를까? 원인은 내용이 아니라 교육 방법에 있다. 나는 지난 수년간 일반 교육과는 다른 하브루타의 특징을 알고 실천하면서 수많은 변화를 맛보았다. 하브루타는 어떻게 다른가?

첫째, 질문 중심의 교육이라는 면에서 다르다. 우리는 대답 중심의 교육을 해 왔다.

둘째, 이야기로 하는 교육이다. 우리는 예부터 조용히 듣고 암기하는 교육을 받아 왔다.

셋째, 스스로 하게 하는 교육이다. 우리는 아이가 어릴 때는 어른이 대신해 주고, 아이가 자라면 잔소리하는 환경에서 교육받아 왔다.

하브루타의 세 가지 특징 덕분에 이스라엘 민족이 2000년 동안 전세계에 흩어져 떠돌면서도 신앙과 민족의 정체성을 잃지 않을 수 있었다. 그뿐만 아니라 나라를 재건하는 원동력이 되었다.

그렇다고 해서 하브루타를 학습 영역에만 국한해서는 안 된다. 하브루타는 하나의 정신이며 가치관이다. 전인교육의 로드맵이기도 하다. 누구든지 하브루타를 올바로 이해하고 지속해서 하기만 한다면, 말씀의 위대한 능력을 보게 될 것이다.

질문하게 하라!

이야기하게 하라!

스스로 하게 하라!

그러면 기적이 일어날 것이다.

하브루타, '막무가내 정신'으로 시작하라

1. 지금 당장 무조건 시작하라!

몰라도 시작하고, 알아도 시작하라. 유대인 특유의 도전 정신을 "후츠파 (chutzpah) 정신"이라고 한다. '담대함, 뻔뻔함, 저돌성, 무례함' 등으로 번역되는데, 한마디로 "막무가내 정신"이라고 할 수 있다. 일단 부딪쳐 보는 것이다. 하나를 알면, 곧바로 하나를 실천하는 정신이다. 그러다 보면 둘이 되고, 셋이 된다. 그것도 살아있는 지식이 된다. 후츠파 정신은 하브루타와 더불어 오늘날의 유대인을 만든 양 날개다.

나도 그랬다. 교회학교를 새롭게 할 계획을 세울 때, 무엇을 어디서부터 어떻게 해야 할지 하나도 몰랐다. 무작정 하나를 배우면, 하나를 시작했다. 그래서 실수를 많이 했고, 그만큼 실패도 많았다. 지금도 달라진 것은 별로 없는 것 같다. 그렇다고 손해 본 적은 없다. 그것이 기적이다. 기적은 하나님을 신뢰하고 사랑할 때 일어나는 것이 아니다. 하나님이 우리를 기뻐하실 때, 기적을 일으켜 주신다. 하브루타는 하나님의 뜻이며 하나님의 방법이다. 준비되어야만 시작할 수 있다는 생각을 버려라. 정돈되고 화사한 분위기를 꿈꿀 필요는 없다. 하나님을 믿고, 일단 시작해 보라.

2. 잘하려고 애쓰지 마라.

부모가 하브루타를 실패하는 이유는 자녀에게 자신이 깨달은 중요한 것을 주고 싶은 욕심 때문이다. 부모가 모은 꿀송이같은 지혜는 하루아침에 거둔 것이 아니다. 40~50년에 걸쳐 모은 것이다. 자녀가 자기 꿀송이를 모으려면 못해도 20~30년은 기다려야 한다. 남이 채워 주는 것은 꿀이 아닌 잔소리에 불과하다. 스스로 모아야 진정한 꿀송이가 된다. 그러니 각자 자기 꿀을 모아야 한다.

교사가 실패하는 이유도 잘하려는 욕심 때문이다. 정말 잘하고 싶다면, 오히려 힘을 빼야 한다. 교사는 늘 교육의 부담감을 가질 수밖에 없다. 그러나 하브루타 시간만큼은 학생들과 함께 성장하는 마음으로 즐겨라. "사랑하지 않으면 핑계를 찾고, 사랑하면 방법을 찾는다"는 말이 있다. 사랑하는 마음이 전달되는 것에 집중하라. 잘하려는 마음보다 학생이 달라지는 것에 더 관심을 갖다 보면, 어느새 말씀 안에서 춤추는 아이들을 보게 될 것이다. 아이들은 본능적으로 자기를 인정해 주는 교사의 마음을 알아본다. 그러면 교사에게 없던 능력도 생겨날 것이다.

PART 2

질문하는 교사,
몸이 기억할 때까지
익히라

유대인도
질문하는 법을 배운다

하브루타의 묘미는 질문에 있다. 하지만 하브루타의 장벽 또한 질문에 있다. 2010년 한국에서 열린 G20 정상회의 폐막식 때, 오바마 전미국 대통령이 기자 회견 후에 한국 기자들에게 질문할 기회를 주었다. 그런데 선뜻 나서는 기자가 없었다. 중국 기자가 한국 기자 대신에 질문할 기회를 달라고 해도 아무도 나서지 않았다. 영어에 능통한 베테랑들이었을 텐데, 끝까지 아무도 질문하지 않았다. 한국인은 질문에 대한 부담감을 유독 크게 느끼는 것 같다.

성도들은 목사님이 말씀을 알아서 잘 풀어 설교해 주길 바란다.

스스로 생각하는 것을 좋아하지 않는다. 군이 질문하라고 하면 부담스럽게 여긴다.

"말씀을 엉뚱하게 해석하면 어떡해요?"

"순종하고 믿으면 됐지, 말씀을 그렇게까지 따져야 하나요?"

언뜻 들으면, 믿음 있게 보이지만 사실은 아니다. 그렇다면 지금까지 설교를 잘 듣고 실천해 왔는가를 보면 답이 나온다.

어른이 말하면 군말 없이 따르는 것이 옛날부터 내려온 한국식 미덕이다. 뜻을 온전히 이해한 후에 묵묵히 따르는 것은 미덕일 수 있지만, 뜻을 명확히 이해하지 못한 상태에서 그러는 것은 다른 문제다. 오히려 질문하고, 대화를 나누어야 할 상황인 것이다. 군말 없이 따르라는 것은 일제 군사 교육의 잔재일 뿐이다. 군부 독재와 산업화가 맞물리며 자리 잡은 잘못된 생각이다.

왕권을 가진 나라 중에서 왕이 신하와 질문하고 토론하는 경연(經筵)이라는 제도를 가진 나라는 조선이 유일했다. 경연에 영향을 받은 지방 교육이 서당이다. 조선말 유학자 규암 김약연 선생은 나라가 망하자 재산을 정리해 만주 북간도에 명동학교(明東學校)를 세웠다. 명동학교에서는 모든 것을 질문과 토론으로 가르쳤다. 윤동주 시인, 문익환 목사, 나운규 감독 같은 수많은 인재와 독립 운동가가 이 학교 출신이다. 고구려의 제가회의(諸加會議), 백제의 정사암회의(政事巖會議), 신라의 화백회의(和白會議) 등 우리 조상은 본래 지시나 명령보다는 토론을 통해 변화를 꾀해 왔다.

우리 민족은 이처럼 토론하기를 좋아할 뿐 아니라 유대인 못지않게 호기심도 많다. 공항에서 물건을 사지도 않으면서 면세점을 기웃거리는 사람이 있다면, 십중팔구 한국인이다. 게임 하는 데 훈수를 두어도 큰 탈이 없는 나라가 우리나라다. 어느 민족보다도 호기심이 많고, 토론에 능한 민족이었다. 그동안 잘못된 교육과 더불어 남을 의식하는 체면 문화로 질문과 토론에 대한 경험이 부족해졌을 뿐이다. 토론 문화는 반드시 되찾아야 할 우리 민족의 소중한 문화다.

성경을 잘못 이해할 거란 부담감은 버려도 된다. 다양한 사람들과 질문하고 토론할 때, 오히려 말씀을 올바로 깨달을 수 있다. 혼자 해석하고 이해하는 것이 오히려 더 위험하다. 질문은 말씀에 도전하는 것이 아니라 올바로 이해하고 순종하기 위해 하는 것이다.

가장 올바른 신앙은 하나님 앞에서 겸손한 것이다. 겸손은 나를 내려놓고 비우는 것, 즉 하나님 앞에서 내 생각과 내 계획을 버리는 것이다. 그런데 하나님의 뜻을 알아야 내 뜻을 비울 수 있고, 하나님의 힘을 느껴야 내 힘을 버릴 수 있다. 인간은 하나님을 온전히 느낄 때에야 비로소 자기 욕심에서 자유로워질 수 있다. 이 모든 것의 시작을 가져오는 것이 질문이다.

인문학자 최진석 교수는 대답을 잘하는 사람이 똑똑한 사람으로 취급받는 사회는 바보를 생산하는 사회라고 말한다. 우리 사회야말로 그런 사회다. 지식을 물류창고에 상품 쌓듯이 암기하고 누군가가 물으면 그대로 꺼내 주듯 대답한다. 하지만 사용 경험이 없는 지식은 성장이나 발전과는 아무 상관도 없는 무의미한 것일 뿐이다.

우리는 학교를 졸업하고 나면 어디에도 쓰지 않을 지식을 위해 수

천만 원을 사용하고, 수년을 낭비한다. 배운 지식에 애정도 없다. 응용하거나 사용하지도 않는다. 지식은 기억하기 위해서가 아니라 사용하기 위해 습득해야 한다.

질문을 하면, 메마르게 읽은 글도 풍성하게 돌아온다. 질문의 내용을 보면 그 사람의 수준을 엿볼 수 있다. 우리는 선생님이 낸 시험 문제에 답하는 교육에 익숙하다. 남의 질문에 답하는 것에는 익숙해도, 스스로 질문을 만들어 내는 데는 약하다. 학습은 내가 질문할 때 가장 활발하게 일어나는데 말이다.

이스라엘 정부 산하 울프재단(Wolf Foundation)의 리타 벤 데이비드 대표는 유대인 교사의 어머니로 불린다. 그녀는 학생들에게 질문하는 법을 가르쳐야 훌륭한 과학자와 예술가로 자랄 수 있다고 주장했다. 세계에서 질문을 가장 많이 하는 민족이면서도 질문하는 법을 별도로 가르쳐야 한다고 주장한 것이다.

질문을
어렵게 생각하는 이유

"질문"이란 무엇인가? 많이 듣고 익숙해서 안다고 생각하지만, 막상 설명하려고 하면 할 말이 없을 때가 많다. 질문은 한자로 '바탕 질'(質)에 '물을 문'(問)이다. 진정한 질문은 드러나는 것을 묻는 것이 아니라 그 바탕을 묻는 것이다.

마태복음의 한 구절을 예로 들어 보겠다.

> 또 비유를 들어 이르시되 천국은 마치 사람이 자기 밭에 갖다 심은
> 겨자씨 한 알 같으니 마13:31

"사람이 선택한 씨는 무슨 씨인가?"

답은 겨자씨다. 글속에 답이 드러나 있다. 하브루타에서 요구하는 질문은 이런 것이 아니다. "예" 또는 "아니오"로 대답하게 하거나 답이 정해져 있는 질문은 닫힌 질문이다. 각자 다른 생각을 꺼낼 수 있는 질문이 열린 질문이다. 질문이란 그 바탕, 곧 본질이나 의도나 감정이나 상징 등을 묻는 것이다. 열린 질문에서 성장이 시작된다.

말씀 한 구절을 읽고, "사람이 겨자씨를 선택한 의도는 무엇일까?" "예수님은 왜 또다시 비유로 설명하신 걸까?" "그 시대 사람들은 겨자를 어떻게 이용했을까?" 등 다양한 질문을 만들어 낼 수 있어야 한다. 흔히 호기심이 많아서 궁금한 것이 있어야 질문할 수 있다고 생각한다. 그러나 사람은 본래 질문할 때 호기심이 생기고, 오히려 관심이 높아지는 존재다.

질문을 처음 만들어 보는 사람은 생각보다 어렵다는 반응을 보인다. 상당한 시간을 사용하고도 질문을 몇 개 못 만든 경우도 많다. 막연해하며 답 같은 질문을 만들기도 한다. 선생님에게 인정받을 만한 답을 질문 형태로 만든다. 창의적인 사람으로 보이고 싶어서 독특한 질문을 만들기도 하고, 이른 시간에 많이 만들려고 애쓰기도 한다.

가정에서도 사정은 다르지 않다. 한국인 엄마는 학교에서 돌아온 자녀에게 선생님의 말씀 잘 들었느냐고 묻지만, 유대인 엄마는 무엇을 질문했느냐고 묻는다고 한다. 질문의 중요성을 알게 된 엄마들도 어설프게 흉내만 낸다.

"오늘 수업 시간에 선생님께 질문했니?"

"네, 국어 시간에 무슨 일이 있었는지 알아요?"

"잘했네! 그럼, 어서 숙제부터 하고 놀아!"

자녀가 설명하려고 하자 엄마가 말을 끊어 버리는 경우가 많다. 질문이 이야기의 시작 도구이자 소통의 도구가 되어야 하는데 그렇지 못한 실정이다. 질문으로 대화를 나눠 본 경험이 없어서 생긴 '웃픈' 현실이다. 그렇다면 질문을 어렵다고 생각하는 이유는 무엇일까?

첫 번째 이유는 경험 부족 때문이다. 질문은 단순히 궁금한 것을 묻는 과정이 아니다. 적절한 질문은 문제에 더 집중하게 하고, 더 경청하게 만든다. 아무리 열정적이어도 말이 길어지면 오히려 듣지 않는다. 중간에 적절한 질문을 던질 줄 알아야 한다.

강연에서도, 개인 대화에서도 질문은 서로 집중하게 하는 매우 유용한 도구다. 강연자는 청중의 이목을 집중시키기 위해 흔히 유머를 사용한다. 하지만 유머는 강사의 재능에 따라 효과가 다르고, 때에 따라 오히려 역효과를 낼 수도 있다. 또 관심을 주제에서 벗어나게 만들 수도 있다. 주제 안에서 청중을 집중시키는 가장 좋은 방법은 적절한 질문을 사용하는 것이다.

경청이 없는 사회일수록 질문이 없다. 질문이 작을수록 소통 없는 사회가 된다. 지루한 설교나 강연에는 질문이 없다. 명강연에는 질문이 있다. 질문 후 2초 정도 청중으로 하여금 생각하게 해 보라. 질문은 경청을 이끌어 내는 보석이다.

질문을 어렵게 생각하는 두 번째 이유는 남들의 평가가 두렵기 때문이다. 하브루타를 하다 보면, 간혹 당황스럽지만 재미있는 일이 많다. 교회를 나오기 시작한 지 얼마 안 된 새신자는 기존 신자가 한 번도 생각해 보지 못한 질문을 던지곤 한다. 다소 엉뚱하지만 이야기를 이어 가다 보면 소중한 보석을 얻게 된다.

사람들은 자기 질문에 자신이 없다. 남들이 웃을까 봐 염려한다. 하지만 세상에 쓸모없는 질문은 없다. 엉뚱해 보이는 생각도 이야기를 나누고 질문을 더 하면 참 소중한 생각과 교훈을 얻게 된다.

아무리 좋은 질문도 나누지 않으면, 가공하지 않는 원석일 뿐이다. 땅에 굴러다니는 생각의 하나일 뿐이다. 쓸데없어 보이는 질문이라도 서로 생각을 나누다 보면 귀한 보석이 된다. 자기 질문에 부끄러워할 이유도, 두려울 필요도 없다. 질문의 열매는 질문 자체에 있지 않고, 토론에 있기 때문이다.

질문,
무조건 많이 만들어 보기

막상 질문하려고 하면 막막하다. 무엇을 질문해야 할지 쉽게 떠오르지 않는다. 옆 사람이 의식되고, 머릿속이 백지가 된다.

"공부한 지가 오래돼서……."

"이제 나이가 들어서……."

"처음 보는 내용이라……."

몇 가지 변명을 생각해 보지만 부담감은 여전하다.

두려움을 이기려면 질문하는 법을 배우는 것이 좋다. 하브루타에 처음 참여하는 사람에게는 별도로 질문하는 법을 가르치는 것이 좋다.

질문하는 문화에 익숙하지 않은 사람이라면 교육이 필수적이다. 집중적인 질문 훈련은 이른 시간에 하브루타에 효과적으로 적응하게 도와준다.

어린아이는 하루에 약 140회 정도 질문을 한다고 한다. 1년이면 5만 번이 넘는다. 어린아이가 그만큼 많은 질문을 할 수 있는 것은 남을 의식하지 않아서 두려움이 없기 때문이다. 경쟁과 평가 속에 자라온 어른들은 질문 앞에 서면 저절로 작아진다. 어떤 평가를 받을지 두려운 것이다. 질문이 많으면 나댄다고 눈총을 줄까 봐 무섭고, 질문의 수준이 낮으면 무시당할까 봐 걱정이 앞선다. 공개적인 자리일수록 더 두려워진다.

질문은 하브루타의 짜릿한 손맛을 보게 한다. 질문에 지레 겁먹기보다는 먼저 두려움을 깨는 것이 필요하다. 많은 방법을 시도해 봤지만, 가장 좋은 방법은 스스로 많은 질문을 만들어 보는 것이다.

주어진 본문에서 50~100개의 질문을 만들고 나면, 자신감이 생긴다. '까짓, 별것 아니네!' 싶다. 몇 개 만들기도 힘든데 그렇게 많이 만들라니, 이게 무슨 소리인가 싶을 것이다. 하지만 방법을 알려 주고, 조금만 이끌어 주면 누구든지 만들어 낼 수 있다.

지금까지 하브루타를 교육하면서 초등학생부터 노인에 이르기까지 질문을 못 만들어 내는 사람은 보지 못했다. 그러니 질문의 수준에 관한 염려는 뒤로하고, 일단 많이 만들어 보는 것이 좋다.

그럼, 이제는 질문을 어떻게 만들면 좋을지 연습을 해 보자. 다만, 내가 제시하는 순서를 반드시 지키길 바란다. 주변 사람과 함께 만들면, 더욱 큰 효과를 보게 될 것이다.

31 또 비유를 들어 이르시되 천국은 마치 사람이 자기 밭에 갖다 심은 겨자씨 한 알 같으니 32 이는 모든 씨보다 작은 것이로되 자란 후에는 풀보다 커서 나무가 되매 공중의 새들이 와서 그 가지에 깃들이느니라 33 또 비유로 말씀하시되 천국은 마치 여자가 가루 서 말 속에 갖다 넣어 전부 부풀게 한 누룩과 같으니라 마 13:31-33

본문을 읽고, 혼자서 15개 질문을 뽑아 보자. 무작정 만들어 보는 것이다.

이번에는 친구와 의논하여 20개 정도의 질문을 만들어 보라. 여러 사람이 함께한다면, 팀을 나누어 정해진 시간 내에 누가 더 많이 만드는지 게임을 해도 좋다.

혼자 만들 때와 함께 만들 때의 느낌과 차이를 말해 보라.

혼자 만드는 것은 기존 학습법에 가깝다. 서로 상의해서 만드는 것이 바로 하브루타 방식이다. 친구의 질문 덕분에 더 나은 질문을 만들 수 있게 된다. 질문에 관한 두려움과 부담감이 사라지고, 질문의 수준도 높아진다. 무엇보다 혼자 할 때보다 훨씬 더 재밌다.

질문을 혼자서 만들면 역량에 따른 질문의 수준이 다르며, 발전 속도도 느리다. 며칠 후에 다시 질문을 만들어 봐도 이전과 큰 차이가 없다. 그러나 함께 만들면 다르다. 여러 사람의 관점과 생각이 더해져서 질문이 넓어지고 깊어진다. 다음에 다시 만들면, 괄목할 만한 성장을 보이곤 한다.

여러 사람이 함께 만들다 보면, 한두 명이 주도하는 경우가 있다. 주도하지 않았다고 해서 배우지 않는 것은 아니다. 남이 하는 것을 보면서 더 많은 것을 배울 수 있다. 하브루타는 반드시 두 명씩 짝이 되지 않고, 여러 명이 함께 진행하기도 한다. 다만 다수로 진행할 때는 학생들이 소극적으로 참여하거나 방관자가 나올 수도 있기에, 먼저 두 명씩 나누게 한 후에 그룹으로 나누길 권한다.

두 명씩 이야기를 나눴을 때는 그룹에서 발표하는 기회를 주는 것이 좋다. 발표가 없으면, 주제와 상관없는 수다로 치우치는 경우가 생긴다. 삼천포로 빠진 것을 지적하다 보면, 잔소리처럼 들려 효과를 거두기 어렵다. 하지만 그룹에서 발표하게 하면, 자연스럽게 주제에 집중하여 대화하게 만든다.

육하원칙으로 질문 만들기

육하원칙을 사용하면, 질문 만들기가 쉬워진다. 본문의 띄어쓰기가 있는 부분에 육하원칙을 대입하며 질문을 만들어 보자.

∧ 또 ∧ 비유를 들어서 ∧ 이르시되 마 13:31
왜 왜   왜

❶ "왜" 예수님은 또 말씀하셨을까?
❷ "왜" 예수님은 다른 비유로 말씀하셨을까?

❸ 예수님은 "왜" 비유로 말씀하신 것일까?

❹ "왜" 예수님은 말씀으로 이르시는 것일까? (이적을 행하여 보여 주
실 수도 있는데 말이다.)

또 ⋀ 비유를 들어서, ⋀ 이르시되 마 13:31
⋀
무엇 무엇 **무엇**

❶ 예수님은 "무엇"을 또 설명해 주려고 하셨을까?

❷ 예수님이 말씀하셨던 다른 비유는 "무엇"이었을까?

❸ 예수님은 "무엇"을 말씀하신 것일까?

이런 식으로 질문을 만들다 보면, 100개도 넘게 만들 수 있다. 육
하원칙에 따라 만들어 보라. 하브루타를 제대로 익히고 싶다면, 짝과
함께하는 습관을 가지길 바란다.

> 31 또 비유를 들어 이르시되 천국은 마치 사람이 자기 밭에 갖다
> 심은 겨자씨 한 알 같으니 32 이는 모든 씨보다 작은 것이로되 자
> 란 후에는 풀보다 커서 나무가 되매 공중의 새들이 와서 그 가지에
> 깃들이느니라 33 또 비유로 말씀하시되 천국은 마치 여자가 가루
> 서 말 속에 갖다 넣어 전부 부풀게 한 누룩과 같으니라 마 13:31-33

❶누가 _____

❷ 언제 _____

❸ 어디서 _____

❹ 무엇을 _____

❺ 어떻게 _____

❻ 왜 _____

대부분은 이 과정에서 질문에 대한 두려움을 이겨 냈다. "막상 만들어 보니 별것 아니네요!" 하고 말한다. 그러나 질문을 많이 만든다고 해서 질문을 잘하는 것은 아니다. 질문의 수준이 곧 진짜 실력이다. 본문의 핵심을 간파하고 다양한 생각을 끌어내는 질문을 할 수 있어야 한다. 무조건 질문을 많이 만드는 것이 하브루타가 아니므로 조심해야 한다. 자칫하면 하브루타가 고급 논술이나 질문 교육 같이 느껴져 거부감을 느낄 수 있기 때문이다. "목사님이 세미나에 다녀오면, 성도가 피곤하다"는 말도 있지 않은가?

교사가 질문을 훈련하는 이유는 교육 현장에서 설명을 잔소리처럼 늘어놓지 않고, 상황에 따라 적절한 질문으로 학생들을 돕기 위해서다. 질문을 만들 때는 힘들지만, 집중 훈련을 하고 나면 달라진 자신을 발견하게 될 것이다. 각기 다른 본문으로 세 번 정도 질문을 만들어 보는 게 좋다.

어느 정도 알았다고 해서 중간에 멈추지 말고, 육하원칙을 끝까지 만들어 보기를 간곡히 부탁한다. 머리가 아닌 몸이 기억할 때까지 연습해야 프로가 되는 법이다.

수준 높은
질문 만들기

　질문은 하브루타의 핵심이다. 질문의 수준을 높이는 것이 곧 삶의 모든 면에서 수준을 높이는 것이다. 질문의 방향이 학습의 방향이며 질문의 수준이 교육의 수준이다. 그런데 수준 있는 질문을 하려면 그만큼 배경 지식이 있어야 한다. 많이 알아야 수준 높은 질문을 할 수 있다. 질문하는 것에 자신감이 생기면 학습과 인생에서도 자신감을 가질 수 있다.

　좋은 질문은 보석을 찾는 레이더와도 같다. 많은 이야기를 나누게 할 뿐만 아니라 본문의 핵심을 찾게 만든다. 수준 높은 질문을 만들기 위해서는 좀 더 구체적인 가이드가 필요하다. 한 가지 방법은 질문 내비게이션을 이용하는 것이다.

> **질문 내비게이션**
> 1. 단어의 뜻과 개념을 알아보는 질문하기
> 2. 마음과 감정을 알아보는 질문하기
> 3. 말과 행동의 의도, 상징을 알아보는 질문하기
> 4. 자기 생활과 연결하는 질문하기
> 5. 내비게이션을 복합적으로 사용하기

1. 단어의 뜻과 개념을 알아보는 질문하기

흔히 말하거나 쓰면서도, 명확한 뜻을 모른 채 사용하는 단어가 많다. 그 대표적인 예가 "혼내다"다. 본래 뜻을 모른 채 사용하다가 완전히 다른 뜻으로 사용된 예다. 혼(魂)은 '이성'을 가리킨다. 혼이 분노, 슬픔, 기쁨 같은 감정에 지나치게 함몰되면, 올바른 판단을 할 수가 없다. 누군가 옆에서 빠져나오도록 도와주어야 한다. 이때 "혼을 꺼내 주다"가 줄어서 "혼내다"가 된 것이다.

항공대학교에서 한국학을 가르치는 최봉영 교수는 "어질다"의 뜻을 "포용하다"라는 뜻의 "어"와 "전진하다"라는 뜻의 "질다"가 합쳐진 단어라고 말한다. 어진 임금이 어떤 임금인지 단어의 뜻만 봐도 알 수 있다. 어질다는 한자로 "仁"(인)인데 곧 사람(人)이 두 명(二)이라는 "人人"으로 풀이할 수 있다. 즉 사람과 함께 살아가는 덕을 말한다.

이처럼 단어의 뜻을 파악할 때 한자를 찾아보는 것이 도움된다. "영접"은 맞이할 영(迎)과 사귈 접(接)이 쓰였다. 예수님을 영접한다는 것은 단순히 믿고 고백함을 넘어 예수님을 마음속에 맞이하여 예수님과 사귀는 것이다.

소통에 있어서 단어의 개념을 아는 것이 매우 중요하다, 그런데 "개념"(槪念)의 한자를 풀어 보면, 말이나 되에 곡식을 담고 그 위를 평평하게 밀어 고르게 하는 데 쓰는 방망이 모양의 평미레(槪)와 생각(念)이 합쳐진 것을 알 수 있다. 즉 생각의 기준을 뜻한다. 같은 단어를 써도 사람마다 다른 강도로 느낀다. 개념이 다르면, 오해와 갈등이 생기기 마련이다. 나 역시 그랬다.

나이 서른에 처음 여자를 집에 데려갔고, 그녀와 결혼했다. 누님이 네 분 계시는데, 모두가 한목소리로 아내가 시집을 잘 온 것이라고 말했다. 그러나 아내에게는 사기에 가까운 말이었다.

우리 집은 봉건주의 문화가 꽤나 많이 남아 있던 집이었다. 아버지가 식사를 마치실 때면 누님들이 눈치껏 숭늉을 갖다 드렸다. 남자가 집안일을 하면 큰일 나는 분위기였다. 아버지는 평생 부엌에는 들어가 본 적도 없고, 들어가실 일도 없는 듯 보였다. 하지만 나는 냉장고에서 물을 꺼내 마시고, 이따금 내가 먹은 그릇을 싱크대에 갖다 놓을 줄 아는 자상한 남자였다. 조곤조곤 말하기까지 하니 누님들에게 나는 자상함 그 자체였던 것이다.

결혼 후에 나는 아내에게 자상함의 극치를 보여 주었다. 매일 물을 손수 꺼내 마시고, 그릇을 싱크대에 가져다주었던 것이다. 그런데도 아내는 내게서 자상한 모습을 찾아보려야 볼 수가 없다고 했다. 서로 이해할 수 없었다. 나는 아무리 열심히 해도 인정받지 못했고, 아내는 도대체 이 남자가 어디가 자상하다는 것인지 모르겠다고 했다. 알고 보니, 처가에서는 장인이 거의 매일 설거지를 해 주셨다고 한다. 결국, 자상함에 관한 기대치가 서로 달랐던 것이다.

부부간에도 개념이 달라서 갈등이 생기는 일이 많다. 아내와 나는 사랑하지만, 그 사랑을 느끼고 표현하는 방식이 참 다르다. 나는 스킨십을 할 때 사랑을 느낀다. 거리에서 아내가 팔짱을 끼면 기분이 좋다. 아프다고 하면, 이마를 만져 보고 관심을 표해 줄 때 고마움을 느낀다. 그런데 아내는 나와 반대다. 손을 잡으면 땀이 나서 싫다고 말한다. 아플 때, 머리에 손을 얹어 보고 손발을 주물러 주면 오히려 살이 아프다며 내버려 두라고 한다. 처음에 나는 아내가 나 말고 사랑하는 남자가 따로 있었나 보다고 생각했다.

아내는 말에 민감한데, 나는 둔감했다. 말 한마디에도 서운해하며 속상해했지만, 나는 말에 상처받지도 않았고, 말하는 데도 별로 신경 쓰지 않았다. 아내와 나는 서로 사랑하면서도 구체적인 개념이 달랐던 것이다. 그 차이를 알고 극복할 수 있었던 것은 대화를 많이 나누는 습관이 있었기 때문이다. 그때는 하브루타를 몰랐지만, 나름의 실천을 하고 있던 셈이다.

이렇듯 사람마다 단어의 뜻과 개념이 다를 수 있으므로 서로 어떻게 생각하는지 파악할 수 있는 질문을 만들어 볼 필요가 있다.

31 또 비유를 들어 이르시되 천국은 마치 사람이 자기 밭에 갖다

심은 겨자씨 한 알 같으니 32 이는 모든 씨보다 작은 것이로되 자란 후에는 풀보다 커서 나무가 되매 공중의 새들이 와서 그 가지에 깃들이느니라 33 또 비유로 말씀하시되 천국은 마치 여자가 가루 서 말 속에 갖다 넣어 전부 부풀게 한 누룩과 같으니라 마 13:31-33

❶ "비유"의 뜻은 무엇일까?

❷ "이른다"는 구체적으로 무엇을 말하는 개념인가?

❸ 유대인들이 일반적으로 생각한 천국과 예수님이 생각하시는 천국은 어떻게 다른가?

❹ 왜 "하나님 나라"로 말하지 않고, "천국"이라고 했을까?

짝과 함께 더 많은 질문을 만들어 보자.

2. 마음과 감정을 알아보는 질문하기

본문에서 보석을 찾아내려면, 등장인물의 감정을 파악해야 한다. 장면을 상상하고 그림을 그려 보며 등장인물의 감정을 찾아보라. 짧은 시간에 메마른 가지에 싹이 나고, 꽃이 피는 것을 보는 것 같은 풍성함을 느낄 것이다.

학창 시절에 무협지를 읽고 나면 내 손에서도 장풍이 나갈 것만 같아서 친구들에게 짓궂은 장난을 치곤 했다. 여학생들은 순정소설을 읽고 나면 낙엽이 지는 교정을 걸어야 할 것 같은 마음에 사로잡혔을 것이다. 장면이 그려지고, 감정이 이입되기 때문이다. 상상력은 생각하는 힘을 길러 주는 중요한 비타민이다.

요즘 아이들은 글을 읽어도 그런 기분에 빠져들지 않는다. 글을 읽을 때, 상상이 되거나 그림이 그려지지 않기 때문이다.

현대인들은 미디어와 함께 살고 있다. 미디어의 문제점은 상상력을 방해하는 것이다. 드라마를 보면, 다음 장면을 기대하고 상상할 틈을 주지 않고 퍼붓듯이 이야기가 진행된다. 시청자는 보이는 대로 받아들일 뿐이다. 인터넷 검색을 해도 무엇이 나올까 상상하기보다는 다음 화면을 기다릴 뿐이다. 상상하는 뇌는 퇴보하고, 기다리는 뇌가 되는 것이 문제다.

머릿속에 상상하고 그림을 그릴 수 있는 능력은 인간에게만 주신 하나님의 특권이다. 등장인물의 상황을 상상하고 감정을 알아보는 질문은 본문에서 보석을 찾는 중요한 레이더 역할을 한다.

감정을 알아보는 질문을 짝과 함께 만들어 보자

31 또 비유를 들어 이르시되 천국은 마치 사람이 자기 밭에 갖다 심은 겨자씨 한 알 같으니 32 이는 모든 씨보다 작은 것이로되 자란 후에는 풀보다 커서 나무가 되매 공중의 새들이 와서 그 가지에 깃들이느니라 33 또 비유로 말씀하시되 천국은 마치 여자가 가루

서 말 속에 갖다 넣어 전부 부풀게 한 누룩과 같으니라 마 13:31-33

❶ 또다시 비유를 들어야 하는 예수님의 마음은 어떠했을까?
❷ 겨자씨 한 알을 손에 들고 밭으로 가는 사람의 감정은 어땠을까?

짝과 의논하여 더 많은 질문을 만들어 보자.

3. 말과 행동의 의도, 상징을 알아보는 질문하기

등장인물의 말과 행동의 의도를 파악하는 것은 본문의 핵심을 파악하는 가장 중요한 요소다. 또 사물과 배경 등이 무엇을 상징하는지 아는 것도 중요하다. 생활로 연계시킬 뿐만 아니라 폭넓은 사고의 확장을 가져오기 때문이다.

성경 하브루타는 일반 하브루타와 사고 확장 구조가 다르다. 일반 하브루타의 사고 확장이 V자형 구조라면 성경 하브루타는 X자형 구조다. 일반 학습을 위한 하브루타는 V자형 즉 방사형(레이더형)이므로 앞뒤로 돌려가며 어디에서 어떤 질문을 찾아내도 별문제가 없다. 하지만 성경 하브루타는 먼저 역 V자 모양으로 하나님의 의도, 성품, 뜻, 명령 등을 찾기 위해 좁혀 가야 한다. 그런 다음, 발견한 하나님의 뜻을 적용하고 실천하기 위해 다시 V자형으로 뻗어 가야 한다. 그래서 성경 하브루타는 X자형 사고 유형을 가진다.

하브루타와 QT는 실천의 동기에서부터 다르다고 했다. 하브루타는 깨달아서 적용하고 실천하는 QT와 달리 더 깊이 깨닫기 위해서 실천하는 것이기 때문이다. 하나님의 말씀은 책상 앞에서 공부하고 토론하면서 알 수 있는 영역이 있고, 그것을 넘어서는 영역이 있다. 생활 속에서 실천하고 순종할 때 비로소 깨달을 수 있는 영역이 있다. 나는 그것을 숨겨진 메시지라고 부른다. 직접 몸으로 순종하고 체험할 때만 알 수 있는 영역이다.

동양인은 이 부분에 대해 취약하다. 동양인은 대체로 동적이기보다 정적이다. 건강 문제도 운동보다는 보양식을 먹어서 해결하려고 한다. 마찬가지로 신앙도 동적인 봉사활동보다는 정적인 기도나 성경 공부 같은 것을 선호하고, 그런 정적인 활동을 잘하는 사람이 믿음 좋은 사람으로 여겨진다.

그런데 인간이 말씀을 깨달았다고 결론짓는 행위는 교만이다. 우리는 주를 알아가는 과정에 있을 뿐이기 때문이다. 하브루타의 실천은 하나님이 우리에게 요구하시는 것을 그대로 실천해 보며 하나님의 의도와 성품을 알아가는 것이다.

신명기 6장의 문맥상 요지는 부모가 강론하며 자녀를 가르치는 것이다. 그러나 직접 강론을 해 보면, 하나님의 의도가 자녀에게만 있지 않음을 알게 된다. 오히려 부모가 많은 것을 알게 되고, 깊이 깨닫게 된다. 부모의 신앙을 단단하게 세우시려는 숨은 뜻이 있음을 깨닫게 된다.

유대인의 신앙은 자녀에게 일방적으로 가르쳐서 전수되었다기보다는 부모가 자녀에게 강론하다 보니 부모의 신앙이 단단해져서 전수된 것이다. 하브루타에는 하나님을 알아가는 것 이상의 복이 담겨 있다. 공감능력과 인간관계 능력이 좋아지고 자기표현이 성숙하게 된다. 하브루타는 지식을 얻는 것을 넘어 전인적인 성숙을 가져오는 축복의 통로다.

이번에는 상징과 의도를 파악하는 질문을 만들어 보자. 이것도 짝과 함께 만들어 보라.

> 31 또 비유를 들어 이르시되 천국은 마치 사람이 자기 밭에 갖다 심은 겨자씨 한 알 같으니 32 이는 모든 씨보다 작은 것이로되 자란 후에는 풀보다 커서 나무가 되매 공중의 새들이 와서 그 가지에 깃들이느니라 33 또 비유로 말씀하시되 천국은 마치 여자가 가루서 말 속에 갖다 넣어 전부 부풀게 한 누룩과 같으니라 마 13:31-33

❶ "천국"은 어떤 세상을 의미하는 것일까?
❷ "사람"은 누구를 상징하는 것일까?
❸ "자기 밭"이 의미(상징)하는 것은 무엇일까?

짝과 의논하여 상징과 의도를 파악하는 질문을 더 많이 만들어 보자.

4. 자기 생활과 연결하는 질문하기

성도들이 가장 어려워하는 부분이 바로 생활 적용이다. 어떻게 살 것인가 하고 질문하면, 모두 "잘"이나 "열심히"라고 대답한다.

"기도를 열심히 잘하겠습니다."

"하나님을 열심히 잘 믿겠습니다."

"예배를 열심히 잘 드리겠습니다."

모두 각오와 다짐뿐이다. 구체적인 행동이 없다. 이것은 비단 교회 성도만의 문제가 아니다. 어려서부터 학교에서 배운 내용을 일상에서 적용해 본 경험이 없기 때문이다. 전문직 일부를 제외하고는 학교에서 배운 지식으로 직업을 갖게 된 사람은 드물다. 우리는 생활 적용이 약할 수밖에 없는 사회에 살고 있다.

교인들은 오전에 들은 설교를 오후까지 기억하지 못한다. 들은 말씀을 기억도 못 하는데, 실천하고 적용할 리 만무하다. 그러나 행함이 없는 믿음은 죽은 믿음에 불과하다. 말씀을 생활에 적용하게 하는 질문은 믿음을 살리는 보석 같은 질문이다.

육하원칙과 "만약에"를 사용하여 짝과 함께 말씀을 생활과 연결하는 질문을 만들어 보자.

만약에 내가 ~라면, ~했을까?

만약에 내가 ~라면, (육하원칙) ~했을까?

> 31 또 비유를 들어 이르시되 천국은 마치 사람이 자기 밭에 갖다 심은 겨자씨 한 알 같으니 32 이는 모든 씨보다 작은 것이로되 자란 후에는 풀보다 커서 나무가 되매 공중의 새들이 와서 그 가지에 깃들이느니라 33 또 비유로 말씀하시되 천국은 마치 여자가 가루서 말 속에 갖다 넣어 전부 부풀게 한 누룩과 같으니라 마 13:31-33

❶ "만약에" 내가 예수님이라면, 비유를 들어 또 설명해 주었을까?

❷ "만약에" 내가 예수님이라면, 또 비유로 설명해야 하는 사람을 어떻게 대했을까?

❸ "만약에" 내가 비유 속의 사람이라면, 겨자씨를 선택했을까?

❹ "만약에" 내가 비유 속의 사람이라면, 겨자씨를 심고 (무엇을) 기대했을까?

짝과 의논하여 더 많은 질문을 만들어 보자.

5. 1-4까지의 내비게이션을 복합적으로 사용하기

이제 질문 내비게이션을 복합적으로 사용하여 질문을 만들어 보자.

❶ 만약에 겨자씨가 하나님 말씀을 상징한다면, 밭은 나에게 무엇을 의미할까?

❷ 만약에 겨자씨가 구원받은 나를 상징한다면, 나에게 밭은 어디일까?

❸ 만약에 내가 겨자씨라면, 나무가 된다는 것은 어떤 개념일까?

❹ 만약에 겨자씨가 하나님 말씀을 상징한다면, 나무가 된다는 것은 어떤 의미일까?

❺ 만약 내가 겨자씨라면, 하나님은 나를 어떤 마음으로 가꾸실까?

짝과 의논하여 더 많은 질문을 만들어 보자.

질문을 만들다 보면, 듣자마자 자연스럽게 답이 떠오르는 질문이 많다. 답이 떠오른 질문에 대해서는 사람들이 토론하지 않으려는 경향이 있다. 정답 찾기에 익숙한 습관 때문이다. 하지만 다른 사람의 생각을 듣다 보면, 훨씬 깊고 넓은 세계를 경험할 수 있다. 반드시 다른 사람의 의견을 들어보기를 권한다. 자신과 다른 생각을 반드시 들어보고 나서 마지막에 답을 스스로 정의하는 습관을 가져야 한다.

그동안 만든 질문 중에서 본문이 주고자 하는 핵심 메시지에 근접한 질문을 골라 보고, 선택한 이유를 설명하게 하는 것도 질문에 관한 이해를 높이는 좋은 방법이다.

질문을 잘하게 하려면…

1. 학생(자녀)의 질문에 감동하라.

우리 사회는 질문을 도전으로 여기는 문화다. 게다가 질문을 부끄럽게 여긴다. 질문하면, 모름을 시인하는 것으로 보기 때문이다. 하지만 합당한 질문은 도전이 아닌 존중이다. 정확히 알고자 하는 노력이기 때문이다. 또한, 질문은 모름의 시인이 아닌 학습의 위대한 시작이다. 질문에 관한 부담을 덜어 주려면, 학생들의 질문에 교사의 긍정적인 반응이 필요하다.

"오! 나도 미처 생각하지 못한 건데."
"오! 새로운 시각이네."
"오! 정말로 중요한 질문 같구나."
"여러 가지를 생각하게 만드는 질문이야."

일부러라도 크게 감동하는 몸짓을 해 보라.

2. 먼저, 교사가 질문을 잘 만들어라.

교육의 기본 원리는 모범과 모방이다. 교사가 적절한 질문을 할 때, 학생들도 점차 질문을 잘하게 된다. 학생들이 토론을 어렵게 여기는 이유 중의 하나는 무엇을 어떻게 질문해야 할지 모르기 때문이다.

다시 한 번 강조하지만, 성경 본문을 정하고 육하원칙과 질문 내비게이션을 사용하여 100개 질문을 세 번 정도만 만들어 보라. 어느덧 달라진 자신을 발견하게 될 것이다.

더 나아가 담당한 학생이 초등학생 3학년 이상이라면, 질문 만드는 법을 가르치는 것이 효과적이다. 그보다 어린 학생은 교사와 짝지어 질문을 만들어 보게 하는 것이 좋다. 자신감을 얻게 될 것이다.

PART 3

대화하는 교사,
소통과 경청을
배우라

대화하면
새로운 세상이 열린다

"조용히 해."

"시끄러워."

"떠들지 마!"

교실에서 학생들이 가장 많이 듣는 말 3종 세트다. 우리나라 교육 현장은 도서관에 가도, 학원에 가도, 학교에 가도 모두 조용하다. 학창 시절 내 기억 속의 야간 자율학습 시간은 무척이나 조용했다. 친구에게 말 한마디라도 하면, 어느새 호랑이 선생님이 나타나 혼내시곤 했다.

"쓸데없는 소리 말고 공부나 해!"

대화를 해야 쓸데없는 소리도 쓸모 있는 이야기가 될 텐데, 말도 하지 못하게 했다. 어른에게 질문하면 당돌하다고 했고, 자기 의견을 말하면 말대꾸한다고 했다. 고분고분 "네"라고 대답하는 아이가 착하고 좋은 아이라고 했지만, 과연 누구에게 착하고 좋은 것일까? 다루기가 쉬우니 어른에게 좋은 것이지 아이 자신에게 좋은 것은 아니다.

부천대학교 유아교육과 전성수 교수는 우리나라 교육을 "조용히 듣고, 외우고, 시험 보고, 잊어버리는 교육"이라고 했다. 교회 교육은 한술 더 뜬다. 외우지도 않고, 시험도 안 본다. 그냥 듣고 잊어버리는 교육이다. 오후가 되면, 오전에 들은 설교의 본문은커녕 제목도 기억하지 못한다.

유대인에게 공부는 이야기다. 미국 뉴욕의 정통 유대교 학교인 예시바대학교(Yeshiva University) 도서관은 시끄럽기로 유명하다. 둘씩 짝지어 이야기를 나누며 공부하기 때문이다. 처음 만난 사람과도 열띤 토론을 나누는 문화다. 발걸음 소리도 신경 쓰이는 우리나라 도서관을 생각하면, 상상이 안 되는 모습이다.

유대인의 이야기하는 교육의 우수성은 이미 세계 여러 나라에서 증명되었다. 페이스북의 설립자 마크 저커버그(Mark Zuckerberg)가 졸업한 필립스 엑스터 아카데미(Philips Exeter Academy)는 고등학교의 하버드로 불리는데, 하크니스 테이블(Harkness table)로 유명하다. 12명의 학생이 2명의 교사와 함께 하크니스 테이블이라는 원탁에 둘러앉아 토론하는 방식으로 수업을 진행한다.

덴마크에 그룬트비 교육, 즉 대화하는 교육 공동체도 있다. 덴마크도 한때 주입식 교육의 부작용이 심각했던 나라다. 그룬트비(Grundtvig) 목사가 나라의 미래를 위해 상류층에 대화하는 교육 공동체를 먼저 제시했지만 받아들여지지 않았다. 그 후 그는 농촌에서 프리스콜레(Friskole), 즉 자유학교를 열고 가르치기 시작했다. 그곳에서 덴마크 교육의 토대를 만들었다.

세계 최고의 교육 하면 핀란드를 꼽는다. 역시 이야기하는 교육이며 심지어 시험이 없고, 경쟁도 하지 않는다. 그러다 보니 사교육이 필요 없다. 그런데도 세계 최고의 성과를 내고 있다. 3개 국어는 기본이고 PISA(국제학업성취도 평가) 1위를 차지한다. 그 밖에도 이야기하는 교육의 사례는 무궁무진하다.

유대인은 어려서부터 이야기로 교육한다. 유대인이 우수한 것은 두뇌가 뛰어나서가 아니다. 지능은 오히려 세계 45위로 라트비아, 몽골 같은 후진국보다 떨어진다고 한다. 유대인의 이야기 교육은 신명기 강론의 순종이자 실천이다. 그 결과, 최고의 인재를 배출하고 그 우수성을 누리는 것이다.

유대인의 이야기 교육을 대표하는 두 가지는 베드타임 스토리(bedtime story)와 안식일의 저녁 식사 시간이다. 우리나라에도 아이들이 잠자기 전에 책을 읽어 주는 가정이 많다. 하지만 내가 보기에는 충분하지 않다. 그야말로 잠들기 전에 책 읽어 주기 정도로 생각하기 때문이다.

우리의 베드타임 스토리 시간을 들여다보자. 엄마가 아이를 침대에 눕히고, 이불을 턱까지 끌어올려 덮어 주고서 책을 읽어 주기 시작한다. 하지만 평소에 소리 내어 읽지 않았기 때문에 금방 숨이 차오른다. 아이가 한마디 하려고 하면, "쉿!" 하며 가로막는다. 아이가 어서 동화 속 꿈나라로 가길 기대하며 읽는다. 그런데 한 권을 다 읽어도 아이는 잠들기는커녕 "엄마, 또 읽어 주세요!" 하고 조르기만 한다. 다음 날 밤에는 아빠가 글자가 가장 적은 책을 꺼내 들고 아이 방으로 향한다. 엄마 아빠가 서로 미루며 실랑이를 하다가 조용히 사라지는 것이 우리나라 베드타임 스토리다.

선교지에서 크리스천 유대인 가정과 잠시 생활한 적이 있다. 그들에게 베드타임 스토리는 책을 읽어 주는 시간이라기보다 자녀와 소통하는 시간이었다. 책을 읽으면서 아이의 상상을 돕고, 궁금증에 답하기도 한다. 아이의 뇌를 키워 주는 것이다. 어린아이는 좌뇌와 우뇌를 연결하는 뇌량이 작아서 읽음과 동시에 내용을 상상하기가 힘들다. 하지만 부모가 책을 읽어 주면, 아이는 좀 더 쉽게 상상할 수 있게 된다. 부모와 아이가 책을 읽으며 함께 상상의 나래를 펴는 것이다.

사회 기관에서 하브루타 교육을 10회로 나누어 진행한 적이 있다. 배운 대로 실천하느라 초등학교 4학년 자녀가 잠들기 전에 함께 누워서 이야기를 나누기 시작한 어머니가 있었다. 감정 기복이 심하고, 짜증을 많던 아이였다. 짜증이 심하다 보니 어린 동생을 괴롭히는 일이 잦았고, 그만큼 부모에게 혼나는 일도 많았다. 그런데 잠자기 전에 누워서 이런저런 이야기를 나눈 것만으로도 놀라운 변화를 보였다. 교육하기 전과 후에 실시한 인성 검사에서 전혀 다른 결과가 나왔다. 놀라운 일이었다. 베드타임 스토리의 효과를 제대로 맛본 것이다.

유대인의 안식일 저녁 식사 시간은 또 어떠한가? 금요일 저녁이면, 온 가족이 어김없이 안식일 식탁으로 모인다. 먹기 위해서 모이는 자리가 아니다. 중요한 종교의식인 동시에 일상과 신앙에 관해 대화하는 시간이다. 안식일 식탁은 유대인의 정체성을 단단하게 만들고, 세대 차이를 없애는 문화를 만들었다. 식탁에서 오가는 대화는 유대인을 뛰어나게 만드는 결정적인 원동력이다. 하버드대학교 입학 논술 시험이 집에서 아버지와 나눈 대화보다도 쉬웠다고 할 정도다.

그러나 우리의 현실은 어떠한가? 식사 시간은 그야말로 먹기 위한 시간이다. 거실에서는 TV 소리가 대화 자리를 차지하고 있다. 자녀가 중학생이 되면, 대화가 거의 사라진 채 적막한 공간이 된다. 집에서 나는 사람 소리는 "밥 먹어라" "손 씻어라" "일찍 자라" 같은 지시어가 대부분이다.

우리 집은 거실에 관한 규칙이 있다. 거실에 소파 대신 6인용 테이블을 두었다. 저녁 식사 후에는 거실에 모여 각자 자기 일을 한다. 우리 가족 역시 손마다 휴대전화가 들려 있다. 아이들은 SNS와 게임을 하고, 아내는 드라마를 본다. 나는 뉴스 검색에 바쁘다. 하지만 한자리에 모여 있으니 자연스럽게 대화가 꼬리를 물고 이어진다.

일주일에 하루는 반드시 성경 하브루타를 한다. 성경에서 질문을 만들고, 서로의 생각을 나누는 시간이다. 때론 다가올 주일 설교 본문으로 이야기를 나눌 때도 있다. 나는 설교에 도움되어 좋고, 아내와 아이들은 주일 설교를 더 잘 이해할 수 있어 좋아한다. 주일 오전 설교로 가족과 함께 이야기를 나눠 보라. 주일 저녁에 모여 각자 기억나는 설교 내용을 나누고, 가족의 의견을 들어보는 것만으로도 훌륭한 하브루타가 될 수 있다.

미국 행동과학연구소의 학습 피라미드(Learning Pyramid) 이론에 따르면, 듣기만 하면 기억에 5%가 남고, 자기 입으로 설명하고 가르치면 90%가 남는다고 한다. EBS〈다큐프라임〉10부작 '학교란 무엇인가'에서 상위 0.1% 학생들의 비결을 소개했다. 그들에게는 배운 것을 누군가에게 설명해 준다는 공통점이 있었다. 설명하다 보면, 머뭇거려질 때가 있는데, 정확히 모르기 때문이다. 부족한 부분을 알면, 보충할 수가 있다. 게다가 자기가 아는 것을 다른 사람에게 설명하면서 흩어져 있던 생각이 정리되고, 생각을 더 발전시킬 수 있게 된다.

예배 현장으로 가 보자. 설교자는 설교의 90%를 기억하지만, 듣기만 한 성도는 5%밖에 기억하지 못한다. 그러나 대부분은 자신이 설교의 5%만 기억하고 있다고는 생각하지 않는다. 5%를 100%로 착각한다는 점에 주목해야 한다.

설교자의 입장에서 보면, 성도에게 설교를 그렇게 강조해도 설교와 상관없이 사는 것만 같다. 결국, 목사의 눈에는 성도들이 마음속으로 교회 일보다 자기 일을 더 우선으로 여기는 것처럼 보인다. 그러나 사실은 단순히 기억하지 못할 뿐이다.

어떡해야 그 간격을 줄일 수 있을까? 방법은 간단하다. 성도들끼리 설교에 관해 이야기를 나누게 하면 된다. 이야기 나눔이 기억에만 도움이 되는 것은 아니다. 설교 본문의 주제를 더 깊이 이해하고, 더 넓게 보게 된다. 가족과 설교에 관한 대화를 나눠 보라. 분명히 새로운 세상이 열릴 것이다.

왜 대화가
안 되는 것일까?

　말을 많이 하는 것 같은데도 대화가 안 되는 것처럼 느껴질 때가 있다. 대화는 단순히 말을 주고받는 것이 아니라 어울림이며 사귐이기 때문이다. 어울리는 시간이 가장 많은 공동체는 단연 가정이다.

　그런데 하브루타가 가장 안 되는 조합이 바로 부모와 자녀다. 초등학교 3, 4학년만 돼도 엄마하고는 말이 안 통한다고 투덜거린다. 서로 생각을 주고받기보다는 일방적으로 지시하고 전달하는 말이 많아진다. 아이들은 점점 말수가 적어지고, 엄마 말을 한 귀로 듣고 한 귀로 흘려보내기 시작한다.

흔히 학생이 말을 하지 않으면, 마음의 문을 닫아서 그렇다고 생각하지만, 꼭 그런 것만은 아니다. 놀 때는 선생님과 폭풍 수다를 떨던 녀석도 공과 시간에는 좀체 입을 열지 않는 일이 많다. 학생을 세세히 관찰하지 않고, 그저 막연하게 생각하고 대처하다가는 잘못된 처방전을 낼 수밖에 없다.

공과 시간에 팀을 나눠 협동 훈련을 한 적이 있다. 스파게티 면과 마시멜로를 사용하여 탑 쌓기를 했다. 미션을 수행하는 학생들을 관찰하면서 놀라운 사실을 발견했다. 함께해야 하는 미션인데도 아이들은 서로 이야기를 주고받지 않았다. 이야기를 주고받지 않을 거라고는 미처 생각하지 못했다.

다른 활동도 해 보았다. 미래의 주택에 관해 이야기를 나누고, 입체로 표현하는 과제였다. 결과는 당혹스러웠다. 서로 이야기를 주고받지 않을 뿐만 아니라 입체 표현도 잘되지 않았다. 서로 상의하라고 아무리 말해 주어도, 의논 한마디 하지 않고 각자 자기 생각대로 행동할 뿐이었다.

협동 학습을 하는 타 지역 공부방이나 학원의 교사들을 만나 봤다. 그곳 역시 같은 문제를 가지고 있었다. 어디서부터 잘못된 것일까? 원인이 무엇인가? 매일 밤, 깊어지는 고민으로 고생스러웠다. 왜 아이들은 서로 의견을 주고받지 않는 것일까? 왜 자기 이야기만 하고, 상대방의 이야기는 듣지 않으려고 할까? 협동은 고사하고 이야기도 주고받지 않는 것이 현실이다.

나는 인지학에서 그 답을 찾았다. 한마디로 지금 아이들의 두뇌가

들을 준비가 안 되어 있다는 것이다. 경청은 청각과 뇌세포를 사용해야 한다. 독일의 인지학자 루돌프 슈타이너(Rudolf Steiner)는 청각이 발달하려면 어려서부터(7세 이전) 균형 감각이 잘 발달해야 한다고 말한다. 균형 감각은 귓속 달팽이관에서 관장한다. 또 입체 감각은 세반고리관에서 관장하는데 신체 활동을 통해 달팽이관과 세반고리관에 자극을 주어야 뇌세포가 발달한다. 경청도 뇌가 준비되어야 가능한 것이다.

어린 시절에 뛰어놀던 골목길이 얼마나 감사하고 복된 것인지 미처 몰랐다. 균형 감각을 키워 주는 최고의 놀이는 골목 놀이에 있었던 것이다. 제기차기, 평행봉, 비사치기, 고무줄놀이 등이 다 뇌세포를 자극하는 놀이들이다. 어린 시절, 모내기 철에 물이 가득한 논둑길을 뛰어다니며 놀았다. 심지어 서커스를 하듯 자전거를 타고 논둑길을 달리기도 했다. 그런데 도시에서 놀러 온 아이들은 조심조심 걷다가도 물에 빠지곤 했다. 밖에서 놀아본 경험이 적은 탓이다.

학생들의 균형 감각이 어떠한지 궁금해서 제기차기를 시켜 봤더니 그 결과가 놀라웠다. 대화가 잘 안 되고, 관계능력이 떨어지는 아이들은 역시 제기차기도 잘하지 못했다. 근육질의 다부진 몸으로도 한두개 이상 차지 못했다. 이론이 족집게처럼 들어맞았다.

인지학에서는 만 7세 이전에는 손발이 움직이는 놀이를 통해 두뇌에 많은 자극을 주는 교육을 하라고 말한다. 그런데 우리 현실은 반대로 가고 있다. 뛰어놀 공간과 시간이 사라지고 있다. 손가락만 움직이는 게임에 빠져 있다. 뛰어노는 시간이 사라진 것은 이 시대의 불행이다.

요즘은 미취학 아동들까지도 학습지로 공부한다. 밀린 것을 다할 때까지는 꼼짝 말고 앉아서 공부하라고 야단친다. 무엇보다 아이를 꼼짝 못하게 하는 것이 큰 문제다. 호세아 선지자는 "내 백성이 지식이 없으므로 망하는도다"(호 4:6)라고 한탄했다. 부모가 지식이 없어서 자녀를 망치고 있는 것이다.

영국의 부모들은 아이들에게 위험한 놀이를 권장한다고 한다. 잘 놀아야 몸과 마음이, 두뇌까지도 건강하게 자란다고 믿기 때문이다. 위험 감수(Risk Taking)의 중요성을 알기에 위험한 놀이를 하게 한다. 흔들거리는 다리를 건너고, 나무를 타게 한다.

교육은 단편적이어서는 안 된다. 생활이 단편적이지 않기 때문이다. 여러 분야가 복잡하게 유기적으로 얽혀 있기에 융·복합적인 교육이 필요하다. 칠판만 보는 교실이 변해야 한다. 강대상에서 선포되는 말씀을 듣기만 하는 교회 교육도 달라져야 한다. 단순 지식 습득을 넘어 융합 교육이 필요하다.

얼굴을 보며 의사소통하는 것은 하나님이 인간에게만 주신 축복이다. 인류학자들은 얼굴을 보고 감정을 주고받는 것이 문명을 탄생시킨 원동력이라고 말한다. 눈을 마주 보는 것은 그만큼 엄청난 하나님의 복이다.

하브루타를 오래 한 학생들의 공통점은 학교에서 선생님이나 친구들과의 관계가 원만하고 넓다는 것이다. 그러나 학생들 대부분은 어른과 대화를 주고받는 시간이 절대적으로 부족하다. 다양한 연령대의 사람들과 어울릴 기회가 없이 대면 결핍 상태로 자라난다.

교회에서 형과 누나 틈바구니에서 노는 아이들이 있다. 부대껴서 힘들어하는 모습은 안타깝지만, 그보다 더 좋은 관계 훈련이 없다. 형과 누나들 틈에서 함께 어울려 놀려면 얼마나 생각을 많이 해야 하겠는가? 어떻게 말하고 행동해야 형과 누나들이 자기를 받아줄지 스스로 터득해 가는 것이다.

나이 많은 형들을 많이 대해 본 아이들은 또래와 어울리는 것에 두려움을 느끼지 않는다. 나이별로 구분하는 시스템에는 많은 문제점이 있다. 어린이집에 가도 또래하고만 어울리고, 학교에 가나 교회에 가나 어디를 가도 또래 친구들하고만 어울려야 한다.

독일 유치원은 대부분 3~6세 혼합 연령으로 반을 구성한다. 6세 아이가 3세 아이에게 무엇을 배울까 싶을 것이다. 손해 보는 것처럼 보일 수도 있다. 아이가 어리면 힘에 부쳐 큰 아이에게 당할까 봐 염려될 수도 있다. 하지만 또래들과만 어울리는 것보다 훨씬 더 많은 것을 배울 수 있다. 예를 들어, 나이가 어린 아이는 나이가 많은 아이들의 행동을 보며 자연스럽게 모방을 하고 배울 수 있다. 또 나이가 많은 아이는 동생들을 도와주고 이끌면서 리더십과 자신감을 키울 수 있다.

인간은 다양한 사람들 속에 섞여 살아야 한다. 골목에서 형과 누나와 동생들과 어울리며 자라야 한다. 그 속에서 자연스럽게 익숙해져야 하는 소중한 것들이 많다. 놀이에는 질서가 있고, 도덕이 있다. 관계가 있고, 배려가 있다. 책상에서 배울 수 없는 소중한 가치가 골목길에, 놀이터에 무궁무진 널려 있다. 그런 것들이 결핍되면, 고통이 부메랑으로 돌아오게 될 것이다.

소통하고 대화하는 자녀로 키우고 싶다면, 지금이라도 다양한 사람들과 어울려 놀게 해야 한다. 얼굴을 보고 지속적으로 대화해야 한다. 하브루타는 단순히 이야기만 하는 것이 아니다. 사람과 사람의 어울림이 하브루타다. 삶에서 사귐은 없어서는 안 될 지혜의 필수조건이며 축복의 통로다.

> 우리가 보고 들은 바를 너희에게도 전함은 너희로 우리와 사귐이 있게 하려 함이니 우리의 사귐은 아버지와 그의 아들 예수 그리스도와 더불어 누림이라 요일 1:3

유대인은 자녀가 성인이 되기까지는 부모가 자녀의 하브루타(짝)가 되어 준다. 자녀의 이야기 상대가 된다는 것은 쉬운 일이 아니다. 오죽하면 만 12세가 되어 성인식에서 유대인이 만세를 부르겠는가? 부모는 자녀의 하브루타에서 드디어 벗어났다고 감사 기도를 드린다.

요즘처럼 관계가 단절된 사회에 자녀가 태어난 것은 부모의 잘못이 아니지만, 자녀에게 사람들과 어울릴 환경을 만들어 줄 책임이 있다. 그런데 교회에서마저 점점 사귐이 사라져 가고 있다. 대형 교회의 문제라고 생각했지만, 이제는 작은 교회도 마찬가지다. 웃고 인사하는데 사귐이 없는 곳이 많다.

하브루타 교사는 숭고한 사명을 맡았다. 영향력이 있고, 가치 있는 일이다. 학생들에게 어울리는 환경을 만들어 주고, 사귐을 통해 서로 배우고, 그리스도와 더불어 거룩함을 누릴 수 있도록 도와야 한다.

감독관처럼
앉아 있지 마라

　말을 거의 하지 않는 사람과 혼자서만 말하는 사람 중에 대화하기 더 피곤한 사람은 누구일까? 두말할 것 없이 후자다. 가장 피해야 할 교사 유형이다. 말을 많이 하는 것이 하브루타를 잘하는 것은 아니다. 하브루타는 서로 의견을 주고받는 소통이기 때문이다.

　성인을 대상으로 하브루타 교육을 했다. 짝과 토론하는 시간이 되었는데, 생각했던 것과 달리 대화가 활발하지 않고 어색한 시간이 흘렀다. 마음이 불편해지면서 조바심이 생겼다. 대화가 활발해지도록 무언가 해야 할 것 같은 부담감을 느꼈다. 그래서 이런저런 말을 늘어놓기 시작했다. 대화가 없는 시간은 잠간이었지만, 나에게는 실재보다 더 길게 느껴졌다. 이런 일도 있었다. 수강생들이 말씀 본문에 관해 이런저런 생각을 하는 동안에 나만 아무것도 하지 않고 있었다. 30초만 내버려 두면, 대화로 이어질 텐데 그새를 못 참고 참견한 것이다. 그런 다고 대화가 활발하게 되는 것도 아니다.

많은 교사가 똑같은 실수를 한다. 학생들이 말을 하지 않으면, 기다리지 못하고 관여하기 시작한다. 학생들은 잠시 생각에 잠긴 것뿐인데, 기다리는 교사에게는 그 시간이 길게 느껴지기 때문이다.

"괜찮으니까 무슨 말이든 해도 돼!"

"뭐 생각나는 것 없니?"

"어, 그래? 그래."

"뭐든 좋으니 자유롭게 말해 봐. 어서!"

이런 질문들이 오히려 학생들을 산만하게 만든다. 그럴 때는 5분이든 10분이든 시간을 정해 놓고 기다리는 것이 좋다.

더욱 확실한 방법은 교사도 하브루타에 함께 참여하는 것이다. 학생이 질문을 만들 때, 교사도 질문을 만들고, 학생이 자료를 찾으면 교사도 자료를 찾는 것이다. 교사는 단순히 가르치고 지시하는 사람이 아니다. 교사는 가르쳐야 한다는 강박을 버리고, 학생과 동참해야 한다. 감독관의 태도를 버리고, 동참하는 것이 교사가 보여 줄 수 있는 최고의 모습이다.

교육의 절대 원리는 모범과 모방이다. 유치부 아이들이 색칠 공부를 할 때, 교사는 지켜보기만 할 게 아니라 자기 것을 색칠하면 된다.

아이들은 선을 벗어나 엉망으로 색칠한다. 낙서 수준으로 끄적거리는 것이다. 하지만 교사는 선을 따라 정교하게 그리고, 여러 가지 색을 사용해서 꼼꼼하게 색칠할 수 있다. 어린 학생들은 선생님이 그리는 모습을 보고 금세 따라 그린다. 보고 따라 하는 것만으로도 교육이 되는 것이다.

이때 교사가 중계방송하듯이 말하면서 그리면 더욱 효과적이다.

"나는 선에 맞춰 그려야지."

"여기는 파랑과 주황을 섞어서 칠하면 예쁘겠다."

교사가 감독관처럼 앉아만 있지 않고, 모범을 보여 주면 아이들은 모방을 통해 배우고 응용한다.

그런데 가르침 중독에 빠진 교사는 지시하고 전달하는 일에만 중점을 둔다. 학생의 질문에 답해야 한다는 생각이 강하다. 그러다 보면 자칫 모든 것을 다 아는 것처럼 행동하는 오류를 범하기도 한다. 학생이 교사의 가르침을 다그치는 것으로 느낀다면, 학습은 끝난 것이라고 봐야 한다. 그런 태도야말로 학생에게 외면당하는 가장 큰 이유다.

반면에 동참하는 교사는 나누고 소통하는 일에 중점을 둔다. 자기 의견을 나누고 소통하는 것만으로도 최고의 교사가 되기 충분하다. 가르치려는 마음이 앞서면 실패할 확률이 높다.

3 맡은 자들에게 주장하는 자세를 하지 말고 양 무리의 본이 되라
4 그리하면 목자장이 나타나실 때에 시들지 아니하는 영광의 관을 얻으리라 벧전 5:3-4

다시 말하지만, 배움에 동참하는 교사야말로 최고의 교사다. "교육"의 어원을 보면, 교육은 집어넣는 것이 아니라 안에 있는 것을 꺼내는 것이다. 자기 생각을 꺼낼 수 있는 최소한의 시간과 환경을 만들어 주는 것이 학생을 존중하는 것이다. 겸손히 함께하는 교사를 싫어할 학생은 없다.

교사의 리액션은
학생을 춤추게 한다

　자유롭게 잡담을 나누다가도, 막상 이야기하라고 하면 누구나 부담스러워 하며 주저하게 된다. 학생들이 말이 없으면, 답답한 사람은 교사다. 그래서 오히려 교사의 말이 많아진다. 열심히 설명하고, 가르치며 설득하려고 한다. 그러나 그렇게 하면 할수록 학생들은 더 움츠러들 뿐이다.

　이런 악순환에서 벗어나기 위해서는 교사가 어떤 역할을 하는가가 중요하다. 칭찬은 고래도 춤추게 한다는 말이 있다. 하지만 잘못된 칭찬은 아이들을 망치고 만다. 막연한 칭찬은 오히려 관계와 신뢰를 방해한다. 아이들의 환심을 사기 위한 근거 없는 칭찬은 오히려 독이 된다.

"우리 딸이 세상에서 제일 예쁘네" "우리 아들이 제일 멋져!" 어릴 때 많이 듣는 칭찬이다. 그러나 초등학교 4학년만 돼도 자기가 세상에서 제일 예쁘거나 제일 멋지지는 않다는 것을 알게 된다. 자기보다 키 크고 예쁜 아이들을 보며 "예쁘다" "멋있다"는 말은 더 이상 의미가 없다는 것을 안다. 기분 좋으라고 하는 말인 것을 아는 것이다.

하지만 근거 있는 칭찬은 다르다. "우리 딸은 미소가 참 예쁘네!" 이는 '나는 키가 작아도, 미소가 예쁜 아이야'라는 자존감을 가질 수 있는 말이다. "동생을 도와주는 것을 보니까 약자를 배려할 줄 아는 멋진 녀석이구나! 배려심이 큰 사람만이 할 수 있는 법이거든." 이처럼 올바른 칭찬, 즉 아이의 말이나 태도에 대한 반응은 아이들로 춤추게 한다.

교사의 적절한 반응은 학생들을 놀라운 변화로 이끈다. 교사는 학생이 듣기 좋은 말만 하는 사람이 아니다. 때로는 사실 그대로를 이야기해 주고, 변화를 격려하는 것도 필요하다. 지혜로운 반응은 아이들로 춤추게 만든다. 교사의 적절한 반응은 학생과 교사 모두를 행복하게 만든다.

반응은 상대의 행동과 말에 근거해서 가급적 즉시 해 주어야 한다. 타이밍이 중요하다는 뜻이다. 즉각적인 반응은 서로를 향한 신뢰를 키우고, 활발한 참여로 이끌어 주며 충분한 효과를 발휘한다. 시간이 지난 후에 해야 한다면, 그때 상황을 정확히 설명하고 칭찬하는 것이 효과적이다.

교사가 학생에게 집중하고 주의 깊게 관찰할 때 효과적으로 반응할 수 있다. 교사는 자신이 하고 싶은 말을 하는 사람이 아니다. 그것보다 학생에게 필요한 것이 무엇인지 생각하는 사람이다. 관찰 없이는 좋은 교사가 될 수 없다. 교사는 학생을 주의 깊게 관찰하고, 적절히 반응해야 한다. 반응은 자연스러울수록 좋으며, 짧을수록 좋다. 개인 상담이 아니라면, 간단명료하게 반응해야 한다. "오!" "대박!" 같은 감탄사나 은어도 좋고, 하이파이브나 손가락 하트 같은 몸짓도 좋다.

관찰은 단순히 반응할 근거를 찾는 것에서 멈추지 않는다. 교사로 하여금 학생의 변화와 성장을 알게 한다. 학생의 변화가 보이지 않으면, 교사도 지칠 수밖에 없다. 나는 목사다. 목사에게 가장 힘든 것은 재정적 어려움도 과중한 업무도 아니다. 설교가 너무 많거나 교인의 수가 너무 늘지 않는 것도 아니다. 목사에게 가장 힘든 일은 성도가 변하지 않는 것을 보는 것이다.

기준 없이 관찰하면, 변화를 알아보기 힘들다. 매주 만나기 때문에 변화를 감지하기가 어렵다. 기준을 두고 지속적으로 관찰할 때 비로소 인지할 수 있다. 학생의 변화와 성장을 발견해야 교사도 보람이 생기고 힘이 난다.

그래서 나는 교사들에게 교육 후에는 반드시 관찰 보고서를 쓰게한다. 보고서는 학생보다 교사를 위한 것이다. 관찰해야만 정확히 지도해 줄 수 있다. 공과 교재가 아무리 좋아도, 아무리 훌륭한 프로그램을 운영해도 교사가 관심을 갖고 학생을 관찰하지 않는다면 아무런 의미가 없다.

보고서 파일은 두 가지로 준비한다. 학생이 학습한 내용을 보관하는 학생 각각의 파일과 교사가 학생들을 관찰한 내용을 정리하여 보고하는 파일이다. 총괄 인도자(목회자)는 교사의 보고서에 피드백을 남긴다. 보고서가 하나의 소통 수단이 되도록 활용하는 것이다. 목회자의 피드백은 교육의 핵심을 짚어 주는 동시에 교사를 격려하는 리액션이기도 하다. 교사 개개인에 대한 관심과 격려가 지속적으로 전달될 때 교사들은 힘을 얻고 사명을 다하게 된다.

교사 또한 학생들이 학습한 노트에 피드백을 남겨서 관심과 격려를 보여 주어야 한다. 하브루타 노트에 남긴 교사의 격려 글은 학생을 적극적인 참여자로 이끈다.

한편, 관찰 보고서는 교사가 부모와 소통하는 중요한 자료가 되기도 한다. 부모는 자녀의 상태를 알고 싶어 한다. 무조건 긍정적으로 말하기보다 조심스럽고 부담스럽지만 솔직하게 기록하고 보고서와 학생 노트를 근거로 소통하면 좋다. 그러면 교사와 학부모는 서로 협력해서 좋은 점이든 개선할 점이든 근거를 보고 도와줄 방법을 찾고, 아이가 하브루타를 통해 깨달은 말씀을 생활에서 적용하고 실천하도록 지원할 수 있다.

성경을 알아야
면장도 한다

학교 성적도 상위권이고, 공과 시간에 결석 한 번 없던 학생의 이야기다. 그 아이는 하브루타를 매우 싫어하는 듯 보였다. 도무지 입을 열지 않았다. 쉬는 시간이면 친구들과 게임을 하느라 신이 났다가도 공과 시간만 되면 말이 없어졌다. 엄마에게 강제로 끌려온 것인지 아니면 교사와 문제가 있는지 도통 알 수가 없었다.

먼저, 어머니를 따로 만났다. 어머니는 아들이 딱히 좋아하는 것도 없고, 꿈이나 하고 싶은 것이 없다고 하면서도 하브루타만큼은 스스로 열심히 찾아온다고 말해 주었다. 의외였다.

이번에는 학생을 만났다. 선생님도 좋고, 친구도 좋고, 교회도 좋다고 말한다. 하지만 교회에 다닌 지 얼마 안 되어서 성경에 관해 아는 것이 없다는 것이었다. 확실하지 않은 것을 말하기가 그래서 그저 다른 사람의 이야기를 듣기만 하는데, 그래도 그것만으로도 좋다고 말한다. 단지 아는 것이 없어서 말이 없었던 것이었다. "서당 개 삼 년이면 풍월을 읊는다"는 말이 있듯이 교회를 오래 다니다 보면, 직간접적으로 얻는 성경 지식과 배경 지식이 많은 법이다. 하지만 성경 지식의 부족은 새 신자만의 문제가 아니다. 대부분이 비슷한 상태라고 할 수 있다.

한 번은 지난 주 공과 시간에 나눈 대화가 충분하지 않다고 판단되어 같은 본문으로 2주 연속 대화를 나누게 했다. 그랬더니 학생들이 좀 더 적극적으로 참여했다. 아는 이야기가 나오니 할 말이 생긴 것이다. 그 뒤로 우리 교회에서는 4주 동안 같은 본문으로 토론하기로 했다. 교사에게 진도에 관한 재량권을 줌으로써 부담을 줄여 주었다. 학생들과 본문을 충분히 이해하고 이야기를 나눌 기회를 준 것이다.

알아야 면장도 할 텐데, 아는 것이 없으니 할 말도 없는 것이다. 우리에게는 교회가 한 본문을 반복해서 설교하거나 공부하면 안 된다는 고정관념이 있다. 일종의 프레임이다. 매주 새로운 말씀을 설교하고, 공부하다 보니 수박 겉핥기에 그치고 만다. 말씀을 폭넓고 깊이 있게 접근할 길을 스스로 차단해 버린 것이다. 물이 찰싹거리는 얕은 곳에서만 맴도는 악순환이 계속된다.

말씀 공부도 학교 공부도 프레임에 갇혀 깊이 있게 나아갈 수 없다. 정확하고 멋진 답을 말해야 한다는 부담감과 질문하면 모르는 것을 시인하는 셈이라는 생각에 사로잡혀 있다. 사석에서는 침을 튀기며 이야기해도, 공개적인 자리에서는 말 한마디도 두렵다.

또 다른 문제는 관련 자료를 찾아볼 생각을 하지 않는다는 것이다. 알려준 것만 열심히 외우는 데 익숙한 탓이다. 학생들은 모르는 것이 나오면, "그건 안 배웠는데요"라고 말하면 그뿐이다. 모르는 것이 잘못도 아니고, 누가 타박하는 것도 아닌데 방패부터 꺼내 드는 것이다.

주입식 교육이 끼치는 가장 큰 해악은 사람을 수동적으로 만드는 것이다. 스스로 찾아보고 연구할 생각을 하지 못하게끔 만든다. 모르는 것을 부끄럽게 여기게 한다. 그러다 보니 사람들이 보는 데서는 자료를 찾는 것조차 꺼리게 된다.

자료 찾기가 안 되는 것은 어른들도 마찬가지다. 교회에서 회의하는 모습을 떠올려 보라. 행사 홍보를 위해 여러 사람이 모여도 아이디어를 내놓는 사람이 한 명도 없다. "일주일 더 생각해 보고 다시 모이죠!" 딱히 할 말이 없던 차에 사람들 얼굴에 화색이 돈다. 일주일 후에 다시 모여도 달라진 것은 없다. 그동안 관련 자료를 찾아본 사람이 없기 때문이다. 그 흔한 마트 홍보지 한 장 손에 들려 있지 않다. 회사도 마찬가지다. 아이디어 회의를 한다고 해서 수첩과 볼펜을 들고 모였는데, 모두가 상사의 말을 받아 적기에 바쁘다.

학생들에게 자료를 찾으라고 지시해도 소용없다. 지시는 그때뿐이고, 일회성으로 끝나고 만다. 지시하는 교육은 필요성과 재미를 느끼지 못하게 한다. 만져 보고 느끼는 손맛처럼 학생이 스스로 해 봐야 달라진다. 어떻게 하면 손맛을 보게 할 수 있을까?

생각나는 것을 글로 적고 나서 이야기를 나누게 했다. 이런저런 말을 하다 보니 다양한 생각들이 떠오른다. 이야기가 계속되자 호기심이 일고, 궁금한 것들이 생긴다. 어느덧 부담감 없이 자연스럽게 말문이 열린다.

내친김에 관련 자료를 찾아보게 했다. 그 자리에서 휴대전화를 꺼내 인터넷 서핑을 한다. 자료가 쌓일수록 이야깃거리도 늘어난다. 자료 찾기를 했을 때와 하지 않았을 때의 차이를 스스로 비교하게 했다.

관련 자료를 함께 찾게 하고, 이야기를 나누는 것이 얼마나 효과적인지를 스스로 체험해야 한다. 혼자 찾으면 찾은 것이 전부이지만, 함께 찾고 이야기를 나누면 달라진다. 1+1=2가 아니라 3이 되고 5가 되기도 한다. 자료를 함께 찾고, 이야기를 나누는 것만으로도 새로운 세계가 열린다.

모르는 것은 부끄러운 일이 아니다. 인간만이 아는 것과 모르는 것을 구분할 수 있다. 모른다는 사실을 안다는 것은 학습이 시작되었다는 증거다. 모르는 것이 있을 때는 관련 자료를 어떻게 찾으면 되는지를 교사가 몸소 보여 주어야 한다. 모름을 부끄러워하기보다는 학습의 자연스러운 과정임을 알려 주어야 한다.

성경 하브루타를 하면서 본문만으로 이야기꽃을 피우기란 쉽지 않다. 본문과 관련된 것은 무엇이든지 먼저 찾아보는 것이 좋다. 떠오르는 생각, 사건, 무엇이든 좋다. 인터넷 검색이 발달해서 관련 정보를 쉽게 찾을 수 있다. 자료를 찾고 생각을 나누는 것만으로도 이야기꽃을 충분히 피울 수 있다.

학생들은 교사의 모습을 보며 곧바로 적응한다. 모르는 것을 부끄럽게 여기지 않고, 학습의 과정으로 여기게 될 것이다. 관련 자료 찾기는 면장을 잘하게 만드는 중요한 과정이다.

대화의 윤활유,
매개체를 활용하라

    상대가 이해하기 쉽고 간결하게 말하기란 쉽지 않다. 남이 하는 것은 쉬워 보여도 막상 내가 하려면 무엇을 어디서부터 말해야 할지 막막하다. 이야기가 삼천포로 빠진 경우가 많고, 삼천포에서 아예 돌아오지 못할 때도 있다.

    예수님은 제자들에게 어떻게 말씀하셨을까? 주님은 다양한 방법으로 설명해 주셨다. 하나님과 우리의 관계를 아버지와 아들의 관계로 설명하거나 우리를 나무에 빗대어 말씀해 주시기도 했다. 또 왕과 백성의 관계로 표현하시기도 했다.

영접하는 자 곧 그 이름을 믿는 자들에게는 하나님의 자녀가 되는 권세를 주셨으니 요 1:12

그들이 여호와를 향하여 악을 행하니 하나님의 자녀가 아니요 흠이 있고 삐뚤어진 세대로다 신 32:5

뭇 나라의 고관들이 모임이여 아브라함의 하나님의 백성이 되도다 세상의 모든 방패는 하나님의 것임이여 그는 높임을 받으시리로다 시 47:9

너는 시냇가에 심은 나무라 시 1:1

예수님은 천국을 겨자씨, 잃어버린 동전, 밭에 감춘 보화 등 다양한 비유로 설명해 주셨다. 베드로를 비롯한 어부 출신의 제자들에게는 물고기를 잡는 일로 접근하셨고, 농부들에게는 농사와 관련된 것으로 설명해 주셨다. 일상에서 쉽게 접할 수 있는 것들을 활용하셨다. 다윗도 자기 직업이었던 목동의 삶으로 찬양과 고백을 드렸다. 직접적으로 설명하는 것도 좋지만, 일상의 매개체를 활용할 때 훨씬 쉽게 이해할 수 있다.

여호와는 나의 목자시니 내게 부족함이 없으리로다 시 23:1

사람들은 의외로 자기 이야기를 잘하지 못한다. 그럴 때는 매개체를 사용해 보라. 감정을 표현하기 어려워하면, 감정과 관련된 단어들을 펼쳐 놓는 것만으로도 도움이 된다. 누림교회 꿈지락 하브루타는 교사로 하여금 감정 카드를 항

감정 카드(초등부용)

상 소지하고 필요할 때마다 수시로 사용하게 하고 있다. 자기 의견을 말할 때는 막연히 말하기보다 매개체를 활용하면 설명하기가 쉽다. 감정을 말할 때는 마음을 잘 표현해 주는 그림이나 사물을 골라 비교하여 설명하게 해 보라. 자기 감정을 훨씬 더 구체적으로 다양하게 표현할 수 있을 것이다.

어린아이들은 수준에 맞게 매개체를 사용하면 된다. 유치부 아이들도 자기 기분을 동물에 빗대어 표현하게 하면 곧잘 한다. 예를 들어 보면 이렇다.

"오늘, 네 마음이 어떠니?"

"이모에게 선물을 받아서 내 마음이 우리 집 강아지처럼 폴짝폴짝 뛰고 신이 났어요."

또 아이들에게 색으로 표현하게 하는 방법도 있다. 기존에 자기 감정을 "좋아요" "싫어요" 같이 단순하게 대답하던 아이도 색깔 카드 같은 매개체가 있으면 다양하게 표현하게 된다. 화가 나면 마음이 불

타는 것 같아서 빨간색을 골랐다고 하는 아이, 혼이 나면 불 꺼진 깜깜한 방처럼 무섭다며 검은색을 고르는 아이 등 다양하다. 조금 큰 아이들은 예화나 경험이나 근거를 덧붙여 말하게 하는 것도 방법이다. 무조건 주장하는 것보다는 훨씬 더 설득력이 있다.

이처럼 다양한 매개체로 시각화하면, 자신의 감정을 자세하고 다양하게 표현할 수 있으며 말하고자 하는 것을 쉽게 전달할 수 있다. 사람은 누구나 자신의 감정과 욕구를 잘 파악하고 표현할 줄 알아야 자연스럽게 하고 싶은 말도 할 수 있다.

수다 떨 때는 말을 잘하는데 멍석을 깔아 주면 꿀 먹은 벙어리처럼 말이 없어지는 경우가 많다. 수다는 생각을 정리할 필요가 없다. 결론을 내릴 필요도 없고 부담도 없다. 수다를 떨 때는 쉴 틈도 없이 말을 잘하는 이유가 그것이다.

하브루타를 시작할 때 말을 잘하지 못하는 이유는 정리된 말을 해야 한다는 부담감 때문이다. 말을 하자니 정리가 안 되었고, 아무 말이나 하자니 두서가 없을 것 같아서 못한다. 그러나 말을 하지 않고 생각만 하면, 정리가 안 되고 발전도 없다.

정리된 생각을 말해야 한다는 부담감부터 떨쳐 버려야 한다. 짝과 함께 충분히 나누고 이야기를 하다 보면 자연스럽게 정리된다. 그럼으로써 멍석 콤플렉스를 극복할 수 있다. 자기 의견을 말하라고 하면, 사람들은 생각을 정리한 다음에 발표하려고 한다. 하지만 때로는 먼저 입을 떼어 말을 시작해야 생각이 떠오르고 정리가 되기도 한다. 처음부터 말을 잘하는 사람은 없다. 말을 잘하는 사람은 그만큼 많이 해봤기 때문이다. 하브루타는 편하게 많은 말을 나눌 수 있는 친구이자 스승이다.

하브루타의 자리는 정리된 생각만을 말해야 하는 자리가 아니다. 오히려 생각을 발전시키고 정리하기 위해서 말하는 자리다. 교사는 학생이 자기 생각을 말할 기회와 분위기를 만들어 주는 사람이다. 다양한 매개체로 설명하도록 모범을 보이고, 그렇게 할 수 있도록 돕는 사람이다.

"오늘 기분이 어떠니?"

"좋아요."

평범한 표현이다.

"선생님은 오늘 기분이 어떠세요?"

"응. 졸졸 흐르는 산속 계곡물처럼 시원하고 좋아!"

유명 강사일수록 말을 쉽게 한다. 복잡한 학술 용어보다 일상적인 말로 쉽게 설명한다. "아하!" 하는 반응은 일상에서 쉽게 접할 수 있는 것으로 설명할 때 나온다. 교사는 일상의 매개체로 표현하는 연습을 해야 한다. 예수님처럼 쉽게 이야기하려면 말이다.

학생의 마음을 얻는
경청 훈련 5단계

서로 대화가 안 되는 중요 이유 중의 하나는 상대방의 말에 관심을 기울이고 경청하지 않기 때문이다. 대화할 때 보면, 사람들은 겉으로 듣는 것처럼 보여도 속으로는 자기 차례에 할 말을 생각하느라 바쁜 경우가 많다. 경청은 강조한다고 해서 이루어지지 않는다. 생각보다 많은 에너지가 소모되는 일이기에 경청을 조금만 해도 쉽게 피곤해진다.

교사가 질문을 다양하게 만드는 훈련을 해 봐야 현장에서 적절한 질문으로 학생들을 이끌 수 있다. 교사가 질문할 줄 모르면, 가르치고 설명하려고 든다. 교사는 학생의 질문에 자기 답을 설명하고 가르치기보다 또 다른 관점에서 질문할 줄 알아야 한다.

경청도 마찬가지다. 단순히 백기 청기 게임을 많이 한다고 경청을 잘하는 것은 아니다. 잘 듣기 위한 직접적이고 집중적인 훈련이 필요하다. 그동안 하브루타 교사 교육을 하면서 나는 경청 훈련을 중요하게 여기며 해왔다.

나는 가장 먼저 아무런 설명 없이 다짜고짜 유명 강사의 강연을 들려준다. 그런 뒤 그 강연의 요점을 이야기하도록 했다. 그런데 의외로 많은 사람이 인상 깊은 한 부분만 기억할 뿐 강사가 말하고자 하는 요점을 명료하게 이야기하지 못했다.

대화나 토론에서는 상대가 말하고자 하는 요점을 파악하는 것이 필수다. 가정이나 교회에서 대화는 일방적이다. 어른들의 말이 대화 대부분을 차지한다. 학생에게 자신의 의견을 이야기하라고 하지만 정작 교사는 들을 준비가 안 되어 있다. 학생이 말을 해도 듣기보다는 학생에게 해 줄 말을 생각하다가 요지를 놓치는 경우도 많다. 경청은 단순히 관심을 기울이는 것 이상이다. 요점을 파악할 준비가 되어 있어야 한다. 주장하는 요지와 근거를 구분해서 들을 수 있어야 한다. 그래서 생각보다 많은 에너지가 필요하고 훈련이 필요하다.

유명 강사들처럼 이해하기 쉽게 말해 주면 좋겠지만, 우리가 만나는 사람들 대부분은 그렇게 하지 못한다. 자신도 정리가 안 된 말을 하는 경우도 많다. 집중하지 않으면 무엇을 이야기하려는지 파악하기 힘들다. 이야기하려는 요점이 무엇인지 어떤 근거로 그렇게 말하는지를 구분하여 듣기란 쉽지 않다.

"그러니까 네 말은 이래서 이렇다는 거지?" 경청을 통한 피드백 한 마디는 새벽 공기 같은 시원함을 맛보게 하고, 존중받는다는 느낌이 들게 한다. 당연한 이야기지만, 정확히 들어야 올바로 답할 수 있다.

다음은 교사를 위한 경청 훈련 방법이다. 하브루타 현장에서 학생들에게 장황하게 설명하고 가르치는 대신 질문을 통해 학생들의 잠재력을 끌어내기 위해 교사가 많은 질문을 만드는 훈련을 하는 것처럼 교사의 경청 훈련도 마찬가지다. 이 훈련도 교사가 현장에서 학생이 말하고자 하는 요지에 관심을 기울이게 하기 위함이다.

한 가지 주의할 점은 학생이 경청을 잘하도록 훈련하기보다 교사 본인이 더욱 경청하는 사람이 되고자 노력해야 한다. 경청을 잘하면 효과적인 대답을 할 수 있고, 교사와 학생의 마음과 마음이 이어져 가슴 벅찬 교제를 할 수 있다.

이제 둘씩 또는 서너 명씩 그룹을 만들고, 한 사람씩 제시된 질문에 관한 자기 생각을 2분 정도 마음껏 말하게 한다. 나머지 사람들은 그의 말을 경청하고, 다 들은 후에 그 내용을 발표한다. 경청 훈련은 다음 5단계다.

경청 훈련 1단계. 듣고 생각나는 내용을 말해 보기

질문: "교육에서 질문이 중요한 이유는 무엇인가?"

서로 무엇을 들었는지 이야기해 보고, 자기는 듣지 못했지만 다른 사람들이 들은 것은 없는지 확인해 본다.

인터넷에서 "보이지 않는 고릴라" 실험 동영상을 찾아보라. 흰색 옷을 입은 사람들이 공을 몇 번이나 주고받는지를 세기만 하면 된다. 영상을 보고 나서 고릴라를 봤느냐고 물으면 많은 사람이 고릴라를 보지 못했다고 대답하는 것을 알 수 있다. 커튼 색이 바뀐 것을 모르는 사람도 많다(엘리베이터 문이 열리는 동영상도 있다). 선택적 지각에 관한 유명한 실험이다.

사람들은 자기가 보고 싶은 것만 보고, 듣고 싶은 것만 보는 경향이 있다. 가족과 함께 마트를 한 바퀴 둘러보고 나면 각자의 관심사가 다르다는 것을 금세 알 수 있다. 아이들은 장난감의 위치를 기억하지만, 엄마는 잘 모른다. 엄마는 양파가 어디쯤 있었는지 기억하지만, 아이들은 기억도 하지 못한다. 왜 같은 장소에서 같은 것을 보고 들은 후에 함께 이야기를 나누는 것이 교육되는지를 보여 준다.

경청 훈련 2단계. 요지와 근거를 나누어 써 보기

질문: "교육에서 이야기가 중요한 이유는 무엇인가?"

서로 역할을 바꾸어서 질문했던 사람이 대답하고, 대답했던 사람이 질문하며 자기 의견을 말한다. 다른 사람들의 이야기도 듣고, 요지와 근거를 구분해서 기록한다.

말하고자 하는 요지는?	
그렇게 말하는 근거는?	

들은 이야기를 말하고, 발표자는 피드백을 받은 소감을 말해 본다. 요지와 근거를 구분하기가 쉽지 않다는 것을 느낄 것이다. 사실, 말하고자 하는 요지는 제시된 질문이었다. 하지만 하브루타 교사 교육을 하면서 의외로 많은 사람이 질문이 요지였다는 사실을 알지 못했다.

경청 훈련 3단계. 들은 이야기를 모두 적어 보기

질문: "스스로 하는 교육이 중요한 이유는 무엇인가?"

한 사람이 질문에 관한 자기 생각을 2분 정도 발표하게 한다. 다른 사람들은 발표자의 말을 모두 받아 적어 본다.

※ 받아 적은 내용을 짝과 함께 의논하여 요지와 근거로 구분하여 정리한다.

경청 훈련 4단계. 요지와 근거를 나누어 쓰기

질문: "교육에서 이야기가 중요한 이유는 무엇인가?"

한 사람이 위의 질문에 관한 자기 의견을 2분 정도 발표하게 한다.
다른 사람들은 그의 말의 요지와 근거를 구분해서 적는다.

말하고자 하는 요지는?	
그렇게 말하는 근거는?	

이번에는 처음보다 좀 더 쉽게 요지와 근거를 구분할 수 있게 된 것을 느끼게 된다. 이처럼 경청 훈련이 잘되면, 효과적인 질문이 생각나기도 한다. 혹은 제대로 듣기 위해 부연 설명을 요구하기도 하고 추가 질문을 하기도 한다. 주일학교 공과 학습 현장에서 이런 질문을 하면, 학생들 스스로 존중받는 기분이 들게 하며, 대화에 적극 참여하게하는 역할을 한다.

경청 훈련 5단계. 한두 문장으로 정리하기

경청의 마지막 단계는 간략하게 피드백을 정리하는 것이다. 들은 이야기를 "~하니까 ~하단 말이지?" 형태로 정리하여 발표자에게 말해 보라. 반응이 다를 것이다.

_____ 하니까

_____ 하단 말이지

원활하게 이어지는
대답 훈련 3단계

교사가 흔히 하는 실수 중에 이런 게 있다. 질문을 받으면 질문의 의미를 좀 더 정확히 알기 위해 추가로 질문하지 않고, 곧바로 답을 설명하는 것이다. 알고 있어도 몸에 익지 않으면 실수를 자주 하게 되는 법이다. 학생들의 질문은 때로 묻고자 하는 것이 정확히 표현되지 않을 때도 있다. 어떤 때는 정리가 안 된 상태에서 묻기도 한다. 그런데도 교사들은 질문을 받자마자 대답하기에 바쁘다.

집에 가는 차 안에서 아들이 내게 말했다.

"아빠, 왜 중고등부 아이들이 아빠와 얘기하는 것을 싫어하는지 알아요?"

"아니!"

사실, 나는 아이들이 나와 이야기하는 것을 싫어하는지도 몰랐다.

"왜 싫어하는데?"

"아빠는 우리가 한마디 하면, 열 마디를 하잖아요! 때로는 우리가 뭘 말하려고 하는지 듣지도 않고, 지레짐작하고 말하기도 하잖아요!"

그랬었다. 아이들의 질문을 좀 더 이해하기 위해서 되묻거나 설명을 요구한 적이 없었다. 우리말로 들었다고 해서 다 이해하는 것은 아니다. 말하려는 의도가 무엇인지 정확히 알아보려고도 하지 않고, 알아들었다고 착각한다. 시작부터 경청이 안 되니 소통이 힘들었던 것이다. 그날 아들이 내게 중요한 깨달음을 주었다. 교사는 가르치려는 유혹을 이기고, 소통에 더 많은 힘을 쏟아야 한다는 사실을 말이다.

질문의 요지를 정확히 파악하지 않고 말하면, 전혀 엉뚱한 이야기만 늘어놓게 된다. 답하기 전에 질문의 요지부터 파악해야 한다. 그것이 말하기의 첫 번째다.

두 번째는 일단 말해봐야 한다는 것이다. 하브루타는 정리된 생각을 말하는 시간이 아니라 오히려 정리 안 된 생각을 나누고 이야기하는 시간이다. 하브루타 대화는 학습의 결과를 나누기보다 학습의 과정을 나누는 것이다. 생각이 정리되어야 말할 수 있다고 생각하지만, 사실은 그 반대다.

감정도 마찬가지다. 용서하는 마음이 생겨야 말할 수 있을 것 같지만, 그 반대다. 용서한다고 말하면, 용서하는 마음이 싹트기 시작한다. 말을 시작해야 생각이 나고, 계속하면 생각이 발전한다. 같은 이야기를 다시 하다 보면, 생각이 점점 더 정리된다. 정리된 생각은 단번에 나오지 않는다.

세 번째로 대답을 잘하기 위해서는 질문을 세분화해야 한다. 또 대비되는 질문도 필요하다. 당연한 것을 가르치는 것만큼 힘든 일이 없다. 숫자를 배우는 아이에게 더하기 빼기를 설명하기란 쉽지 않다. 우리에게는 1+2=3이 너무나도 당연한 셈이지만, 아이에게 왜 이것이 진리인지를 설명하기란 쉽지 않다. 개수나 양의 표현은 사회적 약속이다.

"엄마, 1+2는 왜 3이에요? 물 한 방울에 두 방울을 더해도 큰 한 방울뿐인데요?"

책을 잠시 내려놓고, 옆 사람에게 설명해 보라. 쉽지 않다는 것을 실감할 것이다.

하지만 설명 대신 다른 질문을 하면 쉬워진다.

❶ 물과 사과의 더하기는 각각 어떻게 다를까?

❷ 더했더니 모양이 달라져도 같은 방법으로 표현해도 될까?

❸ 사과와 달리 물처럼 합쳐지는 것은 어떤 부호로 표현하는 것이 좋을까?

이처럼 때로는 설명보다 질문이 이해하는 데 도움이 되기도 한다.

이번에는 대답을 잘하기 위한 훈련을 해 보자. 질문을 받은 후 그 질문에 대해 즉각으로 답하기보다 좀 더 다양한 각도로 다시 질문해 보는 습관이 필요하다. 질문 내용과 반대로 질문해 보기도 하고 질문을 2~3개 정도로 세분화해서 생각해 보는 것도 좋다. 다음 "대답 훈련 1단계"에 나오는 질문을 예로 들어 보자.

질문: "교육에서 질문이 중요한 이유는 무엇인가?"

"교육에서 질문은 정말 중요할까?

"그렇다면 질문이 있을 때와 없을 때는 어떻게 다를까?"

"지금까지 교육에서 질문은 어떻게 이루어졌을까?"

"질문은 학생과 교사 중 주로 누가 할까?"

"질문은 교사에게 중요한 것일까 아니면 학생에게 중요한 것일까?"

"유치원생처럼 어린아이에게도 질문은 중요할까?"

"언제 질문해야 좋은 것일까?"

이처럼 다양한 질문을 만들어 볼 수 있다.

대답 훈련 3단계를 살펴보자.

대답 훈련 1단계. 질문을 세분화하기

질문: "교육에서 질문이 중요한 이유는 무엇인가?"

❶ 질문이 있을 때는 어떤 일이 생길까?

❷ 질문이 없으면 무슨 일이 일어날까?

이런 식으로 질문을 세분할 수 있다.

❶ 먼저 질문이 있을 때 일어날 일들을 적어 보자. 포스트잇을 준비하고, 포스트잇 한 장마다 떠오른 답을 한 가지씩 남이 쉽게 볼 수 있도록 큰 글씨로 쓰고 비슷한 의견을 나란히 붙여 보자. 비슷한 의견을 나란히 붙이라고 말하지 않으면 사람들은 남의 의견에 관심을 갖고 읽으려 하지 않는다.

아마도 모두가 또다시 혼자서 문제를 해결하느라 바빴을 것이다. 그동안 우리는 혼자 학습하는 것에 익숙해 있었다. 조용히 듣고 혼자 하는 것이 공부였다. 혼자서 고민한 후에 발표하는 것도 좋지만, 하브루타를 할 때는 처음부터 서로 이야기를 나누며 생각을 공유해야 한다. 그런 과정을 통해 자기만의 답을 찾는 것이다.

집중하게 된다

궁금증이 생긴다

관심이 생긴다

❷ 이번에는 다시 질문이 없을 때 일어날 일들을 서로 이야기하면서 찾아보라. 무엇이든 생각나는 것은 곧바로 팀원들에게 말하고, 똑같은 방법으로 포스트잇에 답을 쓰고 한곳에 나란히 붙여 보자.

대답 훈련 3단계. 종합적으로 정리해서 대답해 보기

위의 과정을 성실히 수행했다면, 하브루타의 손맛을 보게 될 것이다. 만약 질문을 받자마자 즉시 대답부터 하면 정리가 안 된 생각을 횡

설수설 늘어놓게 된다. 그러다 보면 대화가 끊기는 경우도 있다. 하지만 세분해서 다시 질문하면 더 풍성한 대화를 주고받을 수 있다. 대답 또한 훨씬 논리적이고 조직적으로 할 수 있게 된다. 세분화된 질문은 대화의 넓이와 깊이를 달라지게 한다.

대화를 잘하게 하려면…

1. 성장판을 자극하라.

판소리에서 고수의 추임새는 단조로운 소리를 흥겹게 만들어 주는 역할을 한다. 대화에도 추임새가 필요하다. 잘 뛰어다니는 아이가 키도 잘 큰다. 뼛속 성장판이 자극된 덕분이다.

어떻게 하면 대화의 성장판을 자극할 수 있을까?

첫째, 눈을 보고 대화하라. 인간만이 서로 눈을 쳐다보며 감정을 나눈다. 엄마가 부엌에서 밥 먹으라고 소리를 지르면, 대개 남자아이들은 대답만 할 뿐 곧바로 일어나지 않는다. 그런데 눈을 보고 말하면 반응이 달라진다. 눈을 보며 말해야 애착이 생기고, 대화에 집중하게 된다.

둘째, 적절한 반응을 보이라. 적극적으로 대꾸하는 것만큼 아이들을 신나게 하는 것도 없다. 시기적절한 반응은 대화의 꽃을 피우게 한다. 그러나 대화에 익숙지 않은 기성세대에게는 쉽지 않은 일일 것이다. 교사라면 신경 써서 몸에 익혀야 할 습관이다.

2. 매개체를 활용하라.

공과를 말로만 진행하는 것은 맨손으로 땅파기만큼 비효율적이다. 각종 도구를 활용하라. 예를 들어, 성경 이야기에 등장하는 인물들의 마음을 전할 때, 감정 카드를 활용할 수 있다. 아무것도 없이 막연히 설명할 때와는 달리 이야기가 풍성해질 것이다. 관련 사진을 매개체로 활용해도 좋다. 미리 준비한 것이 없다면, 주변 사물이나 색깔 등을 매개체로 삼아 설명하는 것이 좋다. 매개체는 시각화할수록 좋다. 그림으로 직접 표현하는 것도 좋은 방법이다. 매개체를 가지고 설명하면, 많은 것을 구체적으로 표현하게 된다.

PART 4

자립심을 키우는
교사,
학생 스스로 하게 하라

결과보다
과정을 칭찬하라

　방학이 끝나고 등교하는 초등학생들 손에는 숙제가 들려 있다. 전시된 방학 숙제는 1, 2학년이 만들었다고는 믿을 수 없을 수준의 것으로 가득하다. 아이들 숙제가 엄마의 숙제가 된 지 오래다. 학생도 알고, 엄마도 알고, 선생님도 알고 있다. 그런데도 엄마가 만든 작품이 상을 받는다.

　이것은 교육이 아니라 사기다. 그런 선생님을 나는 도저히 이해할 수 없다. 도대체 무엇 때문에? 왜? 누구를 위해서 이렇게 한단 말인가? 관행적으로 치르는 잘못된 전시 교육이다.

"왜 엄마들은 자녀의 숙제를 대신해 줄까?"

"옆집 엄마가 해 주니까 나도 하는 것일까?"

"상을 받고 기죽지 말라고 해 주는 것일까?"

기죽지 않고 눈치도 안 보는 당당한 아이로 키운다고 하지만, 잘못된 생각이다. 눈치 본다는 표현을 대개는 싫어하지만, 똑같은 내용을 "센스"라고 표현하면 반응이 달라진다. 눈치가 없으면 공감 능력도 떨어지고, 도덕 가치 또한 배우기가 힘들다. 식당 같은 공공장소에서 소리 지르며 뛰어다니는 아이들을 쉽게 본다. 충고 한마디를 하면, 적반하장으로 나오는 엄마나 할머니들이 많다. 그것은 자녀를 당당하게 키우는 것이 아니라 무례하고 버릇없는 아이로 키우는 것이다.

대신 만들어 주는 숙제로는 진정으로 기를 살려 줄 수 없다. 진정한 기는 자신감이다. 모로 가도 서울만 가면 된다는 식의 교육은 사회의 독버섯이다. 정당한 노력으로 상을 받아야 가치를 안다. 결과만 중시하는 교육은 결국 아이를 망치고 만다. 노력한 과정을 인정해 주어야 한다. 옆집 아이의 100점보다 내 아이의 30점이 더 귀한 줄 알아야 한다.

칭찬은 고래도 춤추게 한다지만 잘못된 칭찬은 고래를 병들게 한다. 결과로 칭찬하면 칭찬 중독에 빠진다. 중독되면 칭찬 욕심에 어려운 것은 피하고 쉬운 것만 선택하게 된다. 그러다가 결과가 나쁘면, 반칙하거나 조작하기까지 한다. 결국 변명하는 아이, 거짓말하는 아이로 자라게 된다.

실제로 그런 초등학생이 있었다. 꽤 똑똑하고 예쁜 녀석이었는데 거짓말을 많이 했다. 부모는 예의 바르고 점잖은 분들이었는데, 아이는 빤한 거짓말을 시도 때도 없이 자주 했다. 거짓말을 잘하는 아이로 소문이 나서 친구들과 관계가 좋지 않았다.

부모와 상담한 끝에 드디어 원인을 찾아냈다. 부모가 자녀를 책임지는 아이로 키우고 싶은 나머지 행동의 결과마다 늘 상벌을 주었던 것이다. 아이는 잘못은 감추고, 잘한 것은 확대해 말하는 습관이 생겨버렸다.

부모와 의논하여 가정이나 교회에서 이전과 다른 양육 태도로 아이를 대하기 시작했다. 결과보다는 과정을 칭찬하기 시작했다. 교회와 부모가 함께 노력하다 보니 아이가 빠른 속도로 변해갔다.

한 학기가 채 끝나기도 전에 학교 선생님으로부터 아이가 너무나도 달라졌다는 칭찬을 들었다. 친구들에게도 인기 있는 아이로 변했다. 다음 학기에는 성적이 최상위권까지 올랐다. 초등학교는 성적을 발표하지 않지만, 아이의 변화가 너무 기특해 교사가 부모에게 귀띔해 준 것이다. 결과보다 과정을 칭찬해 주어야 한다.

받아쓰기와 관련된 예화가 있다.

"엄마, 학교에서 받아쓰기 시험 봤어요."

"몇 점 받았니?"

"80점이요."

아이가 자랑스럽게 대답한다.

"야! 어젯밤에 엄마가 받아쓰기 3급을 두 번 쓰고 자라고 했지? 틀린 것은 다 거기서 나왔네!"

엄마의 목소리가 날카롭다. 아이의 눈빛이 흔들리고, 괜히 말했다 싶은 표정을 짓는다. 마음은 태풍이 지나간 자리처럼 엉망이 되었다.

이럴 때, 올라오는 화를 삭이고 천사의 목소리로 말하는 엄마도 있다.

"어머, 두 개만 더 맞았으면 100점인데!"

그 순간, 80점의 기쁨이 비눗방울 터지듯 사라져 버린다. 아이의 마음이 즐거울 리가 없다.

"할머니, 오늘 학교에서 받아쓰기 시험 봤어요."

"몇 점 받았는디?"

"50점이요!"

아이의 목소리에 힘이 들어가 있다.

"워메, 내 새끼. 할미가 가르쳐 준 적도 없는디 어트게 이걸 맞았다냐? 지난번보다 두 개나 더 맞았네. 그려. 할미 안 본 새 공부를 많이 했나 부네."

엄마와 할머니 중 누가 아이로 하여금 공부하고 싶은 마음이 들게 할까? 두말할 것도 없이 할머니다. 할머니는 아이가 못한 것보다는 잘한 것을 칭찬해 주었기 때문이다. 결과보다 변화를 칭찬했다. 과정을 격려해 줄 때, 비로소 자신감이 생긴다.

아이들이 어렸을 때는 작은 것에도 환호하다가 초등학교에 들어가면서부터는 칭찬이 자취를 감춘다. 예전에는 남자아이라면 주먹질을 잘해야 했다. 싸움을 잘하는 아이가 어깨에 힘을 주었다. 그런데 요즘은 주먹보다 게임의 레벨이 높아야 한다. 게임이 놀이의 반 이상을 차지하는 세상에서 게임을 못하면 친구들과 어울리기도 힘들다. 친구들에게 무시당하기에 십상이다. 게임이라면 무턱대고 싫어하며 반대하는 엄마는 남의 속도 모르는 야속한 엄마일 뿐이다. 그런 엄마의 칭찬은 의미 없는 소리처럼 들린다.

결과로만 평가하는 문화는 사라져야 한다. 이런 분위기의 교육은 포기자를 양산할 뿐이다. 미래가 어떻게 바뀔지는 아무도 모른다. 겨우 잠깐 그리고 한 분야의 결과가 안 좋다고 해서 전부를 포기할 이유가 없다. 내용이 좋아지고 있다면, 내일은 더 나아질 것이니 포기하지 말아야 한다. 무엇이든 스스로 하는 사람을 만들고 싶다면, 결과보다 과정을 칭찬하고 격려해야 한다.

잔소리를 멈추고
오래 반복하라

"스스로 잘한다면 얼마나 좋겠습니까?"

"누구는 잔소리하고 싶어서 하나요?"

"자기주도 학습이 말처럼 쉽나요?"

그렇다. 쉬운 일이 아니다. 잔소리 몇 번 한다고 되는 것이 아니다. 인생에서 중요한 것일수록 한 번에 되는 일은 없다. 오랜 시간 반복하고, 지속해야 얻을 수 있다.

엄마들이 자기주도 학습을 생각하며 가장 많이 시도하는 것이 아이 혼자 옷을 입게 하는 것이다. 자녀를 존중하는 뜻에서 자율에 맡기지만, 아이는 여름에 두꺼운 옷을 꺼내고, 겨울에 얇은 드레스를 꺼내 입겠다고 한다. 외출하기에는 난감한 옷들이다. 옆집 아이가 그러면 귀엽지만, 내 아이가 그러면 가만히 보고 있기가 힘들다.

엄마가 주는 옷만 입으라고 강요하는 것도 문제지만, 내버려두는 것도 문제다. 스스로 해야 한다고 해서 모든 것을 마음대로 하도록 내 버려두어서는 안 된다. 자기주도 학습을 할 때는, 제한적 선택을 하는 것으로 시작하는 것이 좋다. 예를 들어, 계절에 맞는 옷 중에서 선택하 게 한다든지 잠자기 전에 몇 벌의 옷을 준비해 주고, 그중에서 골라 입 게 하는 것이다.

노는 것이 교육에 좋다고 하니 정말로 온종일 놀게만 하는 엄마도 있다. 노는 것과 놀이 학습은 다르다. 요즘은 부모가 아이와 놀아 주는 것을 중요하게 생각한다. 그러나 아빠에게는 아이와 놀아 주기가 무거 운 짐이다. 차라리 밤늦게까지 야근하는 편이 덜 힘들 수 있다. 성인이 아이들과 같은 수준으로 노는 것은 정말로 힘든 일이다. 피로에 지친 아빠가 조금만 한눈을 팔아도 아이는 재미없다며 징징거린다. 그것 하 나 못 맞춰 주느냐는 아내의 핀잔도 버겁다.

아빠는 아이들과 놀기 위해 애쓰지만, 자칫 잘못하면 버릇없는 아 이로 만들 수도 있다. 제대로 놀아 줄 줄 모르는 아빠는 자녀의 비위 를 맞춰 주느라 정신이 없기 때문이다. 자녀가 부모를 부려 먹는 상황 까지도 연출된다. 그런 환경에서 자라난 아이는 나중에 친구에게나 할 소리를 부모에게도 한다. 부모를 이겨 먹은 아이는 학교에서도 선생님 을 무시한다. 교회학교에서도 마찬가지다. 권위 아래 들어갈 줄 모른다. 그러면 교육이 제대로 이루어질 수 없다.

자녀가 귀엽고 예쁘다고 해서 부모가 만만하게 보일 정도로 몸을 낮춰 주면 안 된다. 어릴 때는 뜨거운 사랑보다는 냉철한 사랑을 해야 한다. 혹시 상처받으면 어떡하나 하는 걱정은 할 필요가 없다. 아무리 냉철하게 한다고 해도 예쁘고 귀여운 아이에게 냉정할 수는 없기 때문이다.

어떤 상황에서도 부모의 권위는 지켜야 한다. 자녀가 부모의 권위 아래 있음을 알 수 있도록 가르쳐야 한다. 습관이 형성된다는 세 살 시기에 오히려 버릇을 망쳐 놓는 일이 있어서는 안 된다는 것이다. 권위는 한 사람에게 머리를 조아리는 것이 아니다. 공동체의 서열을 인정하는 것이다. 부모는 자녀보다 먼저이고, 따라서 존경하고 따라야 할 존재임이 분명하다. 아빠가 아이와 놀아 줄 때는 아빠가 아이의 놀이에 참여한다기보다 아이가 아빠의 놀이에 참여하게 하는 것이 좋다. 놀이의 주도권을 아빠가 쥐어야 한다는 뜻이다.

일곱 살 때쯤의 기억이다. 아버지가 돼지우리를 고치면서 나를 부르셨다. 아버지가 톱질하는 동안에 나무를 붙잡고 있으라고 하셨다. 나무를 자르고 나서 아버지가 내 머리를 쓰다듬으며 말씀하셨다.

"고놈 키워 놓으니 쓸 만하네!"

얼마나 뿌듯했는지 모른다. 지금 생각하면, 7세 아이가 무슨 도움이 되었겠는가? 하지만 그 한마디가 나도 도움이 되는 필요한 존재라는 뿌듯한 마음을 갖게 했다.

재활용 쓰레기를 분리수거할 때, 아빠가 쓰레기 악당을 처리하는 아이언맨이 되어 보라. 아이는 기꺼이 아빠의 조수가 될 것이다. 아이와 함께 오염된 주방을 재건하는 설거지 작전을 펼쳐 봐도 좋다. 가구를 옮길 때나 물건을 수리할 때, 자녀에게 임무를 맡겨 아빠의 놀이에 참여하게 한다면, 더할 나위 없이 좋을 것이다.

자녀가 집안일을 도우면 용돈을 주는 가정이 있다. 나도 해 봤지만, 교육적으로는 별 재미를 보지 못했다. 노동의 대가로 받는 것이기에 용돈의 고마움을 모른다. 그러니 차라리 가족의 일원으로서 당연히 함께해야 하는 일로 가르치는 편이 더 낫다. 가족의 일원으로서 소속감을 느끼고, 소통하는 기회로 삼을 수 있기 때문이다.

나는 재활용품 분리수거를 하는 시간을 아들과 이런저런 이야기를 여유롭게 나누는 기회로 삼는다. 때로는 집에서 나온 김에 편의점에서 같이 군것질하기도 한다. 이야기를 나누다 보면, 아들의 학교 일정, 봉사 계획, 약속 등에 관해 알게 된다. 그럴 때 이따금 용돈을 주면, 아들이 무척 감사하게 생각한다. 중3 아들은 아직 정기적으로 용돈을 받지 않는다. 준다고 해도 별 필요 없다며 거절한다.

부모는 자녀가 자기 할 일을 스스로 하지 않는다고 잔소리를 퍼붓곤 한다. 그런데 냉정하게 생각해 보라. 자녀가 보기에는 엄마가 늘 하던 일이 아닌가? 엄마가 자기를 따라다니며 먹여 주고, 옷도 입혀 주었다. 방 청소나 장난감 정리도 엄마의 몫이었다. 학교 준비물도 엄마가 챙겨 주었다. 자녀의 일을 엄마가 다 해주었는데, 인제 와서 가사에 동참하기를 기대하는 것은 언감생심이다.

심지어 아이는 그것이 자기 일인 줄도 모른다. 갑자기 이것 해라

저것 해라 하니 잔소리로만 들린다. 사람은 머릿속 지식이나 이해보다 몸의 기억과 습관에 따라 행동한다. 잔소리를 듣는다고 해서 자기 일로 여기지는 않는다. 일방적인 지시는 오히려 저항감을 부를 뿐이다. 잔소리의 약효는 일회성에 그친다. 그러니 매번 같은 소리를 또 해야 하는 것이다.

아이들도 자신이 무엇을 잘못했는지는 안다. 혼날까 봐 걱정한다. 그런데 마침 엄마의 불같은 잔소리가 시작되면, 마음이 상하면서도 한편으로 후련함을 느끼기도 한다. 벌을 받았으니 상황이 종료된 것이다. 더 이상 고민할 필요가 없고, 반성할 일도 사라졌다. 결국 잔소리는 아이에게 면죄부가 될 뿐이다.

"자녀를 반만 사랑하라"는 유대인의 말이 있다. 우리는 자녀를 지나치게 사랑하는 면이 있다. 대개 사랑받고 큰 자녀가 커서도 잘된다고 생각한다. 요즘처럼 아이들이 사랑받고 자라는 시대가 한반도 역사상 없을 것이다. 아이들이 먹는 것에는 빈부의 격차가 없다고 할 정도로 부모가 아이에게만큼은 부족함 없이 최고의 것만을 제공한다. 아이 입맛에 따라 밥상이 차려지고, 주말 계획이나 여행도 모두 아이 위주로 결정된다. 장난감과 학용품이 발에 치일 정도로 차고 넘친다. 그러나 과한 공급과 과도한 친절과 봉사가 아이를 망친다는 것을 알아야 한다. 애지중지하며 키운 자녀가 나중에 방황하리라고는 꿈에도 생각하지 못한다.

우리 큰아이가 그랬다. 아이가 너무 힘들고 아프게 방황했다. 아이만 힘든 게 아니라 온 가족이 아프고 허덕이는 시간을 보내야 했다. 사랑을 독차지하며 컸는데, 왜 그렇게 되었을까? 부부 사이가 좋으면, 자녀가 엇나가다가도 금세 돌아온다던데 왜 그렇게 오랜 시간을 방황했을까? 우리 부부는 이해할 수가 없었다.

우리는 결혼 초부터 서로 존댓말을 쓰며 대화를 많이 나눠 왔고, 늘 가정 사역을 우선시했기에 부부 싸움도 해 본 적이 없었다. 그런데도 큰아이는 심한 방황에 시달려야 했다. 무엇이 잘못된 탓인지 알 길이 없었다. 상담을 비롯해 갖은 노력을 다했지만, 허사였다.

내려놓으면 하나님이 하실 거라고 했지만, 부모가 자녀를 내려놓기란 쉽지 않았다. 옆집 아이에게 훈수를 둘 때는 쉬운데, 막상 내 아이 문제는 모든 것이 어려웠다. 방황의 원인조차 모르는데, 해결책을 찾을 리 만무했다. 믿음으로 내려놓는다고는 하지만 무엇을 내려놓아야 하는지도 몰랐다. 기도할 때는 내려놓을 수 있을 것 같아도, 막상 아이의 얼굴을 보면 속상하고 화가 나는 악순환의 연속이었다. "자녀를 크게 쓰시려고 그런다" "부모를 연단시키려고 하시는 것이다" 위로해 주는 말은 많았지만, 어느 것 하나 시원한 답이 되지는 못했다.

우리 부부는 큰아이와의 소통을 위해 말을 바꾸기로 결심했다. 정확히 말하면 말의 내용보다 가시 돋친 억양을 바꾸려 노력했다. 말이 안 통한다고만 생각하기 전에 장애가 되는 요소부터 없애기로 했다. 큰아이는 우리가 말하는 내용보다 억양, 톤, 분위기를 싫어했다. 우리는 언제부터인가 아이가 버릇없이 말하는 것이 너무 거슬렸다. 그래서 진지하게 옛날처럼 다시 존댓말을 하지 않으면 절대로 대꾸하지 않겠다고 선언했다. 아이가 처음에는 우리가 한 선언을 기억하지도 못했다. 하지만 나와 아내는 아이의 말이든 문자든 존댓말이 아니면 모르는 체했다. 그럴 때마다 아이는 기분 나빠했고 더 버릇없이 굴었다.

말 이외에 우리 부부가 한 가지 더 노력한 것은 음식이다. 아이가 집에 일찍 들어와야 이야기라도 해 볼 텐데 늘 늦게 들어와서 대화를 시도하기도 힘들었다. 예수님도 제자들을 회복시키실 때 음식을 준비하셨다. 그래서 우리도 큰아이가 좋아하는 음식을 집에 늘 준비해 두었다. 몇 달이 안 가서 큰아이는 말이 조금씩 바뀌었고, 간혹 일찍 귀가하기도 했다.

사실 중간에 몇 번 못 참고 화를 내기도 했지만, 그때마다 회개하고 다시 시작하기를 반복했다. 꼭 잔소리해야 할 일이 생기면 아이에게 화내지 않으려고 카페에서 이야기를 나누었다. 하나님은 우리가 종종 넘어져도 다시 믿음을 갖고 다가갈 수 있게 도와주셨다. 지금은 강요하지 않아도 스스로 예배에 나오고, 밖에서 있었던 일도 곧잘 이야기하곤 한다. 그렇게 조금씩 태풍이 잠잠해지더니 어느덧 평온한 바람이 불고 있다.

인간은 사회적 동물이다. 한 사람이 성장하기 위해서는 수많은 인간관계가 필요하다. 사람은 본래 사람들과 부대끼며 커야 한다. 아프리카 속담에 "한 아이를 키우려면 온 마을이 필요하다"는 말이 있다. 아이들에게는 사람들과 어울려 놀 수 있는 마을이 필요하다.

나는 시골 출신이라 용돈이란 말도 모른 채 자랐고, 태권도, 피아노, 영어 학원은 다녀 본 적도 없다. 간식이란 말도 들어본 적이 없다. 부족한 것이 많았지만, 가정의 질서만큼은 탄탄했다. 부모님은 농사일로 늘 바쁘셨지만, 부모님의 사랑이 부족하게 느껴지지 않았다. 함께 자라는 형제가 있고, 골목에는 아이들이 가득했기 때문이다.

할 수만 있다면, 골목에서 형, 누나, 언니, 동생들과 어울려 놀면서 자라게 해야 한다. 아이들끼리 어울려서 놀다 보면, 다투기도 하고 화해하기도 하면서 인생에 필요한 많은 것을 배운다. 남의 눈치를 살피면서 다른 사람의 마음을 헤아릴 줄 알게 되고, 함께 사는 법을 익혀 나간다. 놀이 속에 기다림이 있고, 순서가 있다. 도덕이 있고, 협상이 있다. 그런 의미에서 골목은 몸으로 익히며 배우는 소중한 학교다.

엄마, 아빠의 사랑을 닮았으면서도 욕심은 없는 사랑이 있다. 이모의 사랑이다. 이모는 조카의 학교 성적에 별로 관심 없다. 그저 예쁠 뿐이다. 아이들에게 이모의 사랑은 숨 쉴 틈이 된다. 아이들에게는 엄마 아빠의 사랑이 절대적으로 필요하지만, 이모의 사랑도 필요하다. 무조건 감싸 주고 지지해 주는 할머니 할아버지의 사랑은 아이의 회복 탄력성을 길러 주는 중요한 비타민이 된다.

요즘은 엄마 아빠가 모든 역할을 다해야 한다. 그러나 사실 불가능하다. 엄마는 이모가 아니고, 동네 언니도 아니기 때문이다. 결국 아이들은 관계의 결핍을 안고 성장할 수밖에 없다. 그래서 청소년 시기에 유난히 아프고 병이 드는 것이다. 청소년 때는 누구나 일시적으로 방황한다고 하지만, 요즘은 그렇지도 않다. 대학에 가서도, 심지어는 직장인이 되어서도 계속 방황하는 일이 많다. 결혼하고 나서도 애물단지같이 구는 자녀가 많다.

이따금 부모가 요란하게 교육하지 않았어도 누구는 잘만 컸더라는 소리를 듣는다. 맞는 말이다. 옛날에는 감정 코칭이니 대화법이니 부모 교육이니 하는 것들이 없어도 아이들이 잘 컸다. 왜냐하면, 가정의 기본 질서가 있었기 때문이다. 아버지가 숟가락을 드셔야 가족이 밥을 먹을 수 있었고, 어른을 만나면 인사부터 하는 것이 당연했다. 그렇게 배우고 자란 것이다.

우리 부부는 옷이고 양말이고 아이들 물건이 거실에 돌아다니면, 물건들을 조용히 아이 방에 넣고 방문을 닫았다. 그러면 어느새 아이들이 방을 깨끗하게 치워 놓는다. 이제는 자녀 스스로 항상 깨끗하게 정리하는 습관이 몸에 배었다.

유럽에 처음 공장이 생겨서 직원을 채용하니 가장 큰 문제가 정시에 출근하고 퇴근하는 일이었다고 한다. 오전 9시에 출근해서 오후 6시에 퇴근하는 것을 본 적이 없었으니 당시 사람들에게는 출근과 퇴근의 개념조차 어려웠을 것이다. 그래서 급기야 학교를 만들어, 아침 9시에 규칙적으로 등교하는 법을 익히게 했다고 한다.

이처럼 습관은 하루아침에 만들어지지 않는다. 부모가 인내심을 가지고 스스로 하도록 기다려 주고, 격려해 주어야 한다. 대화법을 배우고 상담을 배워도, 집에 가면 써먹을 것이 하나도 없다. 상황 속에서 몸으로 배운 것이 아니라 책상에서 머리로 배웠기 때문이다.

교회 학교도 스스로 하는 학생을 만들기 위해 무엇부터 스스로 하게 할 것인가를 고민해야 한다. 집에는 마마보이, 교회에는 목사보이가 있다는 말이 있다. 목사가 인도해야만 움직이는 성도에서 벗어나야 한다. 성도들이 서로에게 이모가 되고, 삼촌이 되어 주어야 한다. 형이 되고, 누나가 되어야 한다. 교회야말로 가장 좋은 마을이다. 눈에 넣어도 아프지 않을 자녀가 집안에 갇혀서 자라지 않도록 해야 한다. 그렇지 않으면, 나중에 가슴 시린 아픔을 겪을 수도 있다.

아이 스스로
규칙을 정하게 하라

하브루타의 목표는 명확하다. 하나님과 사람과 더불어 살아가는 법을 배우고 몸에 익히는 것이다. 중요성을 깨닫기는 쉽지만, 자기 몸에 익숙하게 습득하는 일은 어렵다. 시간이 걸리기 때문이다. 강론하려면, 함께 어울려야 하기에 인간관계 없이는 하브루타가 불가능하다. 하브루타가 안 되는 사람의 문제가 지적 능력에 있는 게 아니라 관계 능력에 있는 이유다.

인간관계에서 가장 많이 하는 말이 인사다. 인사가 첫인상에 미치는 영향이 큰 만큼, 인간관계에 중요한 요소다. 처음 만났을 때만이 아

니라 하루에도 몇 번이고 만날 때마다 인사를 하게 된다. 가족 사이에
도 아침에 눈을 뜨면 가장 먼저 하는 것이 인사다. "안녕히 주무셨어
요?" "잘 잤어요?" 자녀도 부부도 인사로 시작한다.

자녀를 데리고 상담하러 오는 분들이 있다. 아이의 인사보다 먼저
듣는 말은 "목사님께 인사해야지"라는 부모의 채근이다. 요즘 아이들
은 스스로 인사할 줄 모른다. 그저 고개를 까딱하고 그만이다. 부모가
시키면, 마지못해 알아듣기 힘든 목소리로 인사한다.

집에 손님이 오면, 부모가 나와서 인사하라고 자녀의 방문을 노크
한다. 어린 자녀에게는 "배꼽 손"을 요구하지만, 어른이 배꼽 손으로
인사하는 일은 없다. 어른들 사이에서조차 인사가 사라지고 있는 것이
다. 얼굴을 보며 하던 인사를 전화나 문자로 대신한다. 누구나 자연스
럽게 하던 인사가 사라지는 추세다.

스스로 하게 하는 교육에서 인사는 매우 중요하다. 예의는 사람과
사람 사이의 존중이며 질서이기 때문이다. 그러므로 어려서부터 인사
하는 습관을 몸으로 체득해야 한다. 성경은 사랑도 예의가 있어야 한
다고 가르친다. 무례한 것은 사랑이 아니다. 사도들도 문안 인사로 편
지를 시작했다.

> 4 사랑은 오래 참고 사랑은 온유하며 시기하지 아니하며 사랑은
> 자랑하지 아니하며 교만하지 아니하며 5 무례히 행하지 아니하며
> 자기의 유익을 구하지 아니하며 성내지 아니하며 악한 것을 생각
> 하지 아니하며 고전 13:4-5

하나님과 주 예수 그리스도의 종 야고보는 흩어져 있는 열두 지파
에게 문안하노라 약 1:1

공과 시간에도 인사가 중요하다. 인사를 건성으로 대충해서는 안
된다. 진심으로 나를 반겨 주는 선생님에게서 진짜 인사를 배우고, 친
구들끼리도 그렇게 인사한다. 인사가 잘되면, 하브루타가 은혜로운 시
간이 된다.

나는 학생들에게 인사하기를 강조한다. 어른을 만나면 큰 소리로
인사하라고 가르친다. 목양실이나 부모의 방에 들어갈 때는 노크하는
법을 가르친다. 모두 권위를 인정하는 법을 배우게 하려는 뜻에서 하
는 교육이다.

너는 네 하나님 여호와께서 명령한 대로 네 부모를 공경하라 그리
하면 네 하나님 여호와가 네게 준 땅에서 네 생명이 길고 복을 누
리리라 신 5:16

1 자녀들아 주 안에서 너희 부모에게 순종하라 이것이 옳으니라
2 아버지와 어머니를 공경하라 이것은 약속이 있는 첫 계명이니 3
이로써 네가 잘되고 땅에서 장수하리라 엡 6:1-3

유대인은 형제가 많다. 금요일마다 안식일 저녁 식사를 주관하는
아버지를 보며 자연스럽게 집안의 서열을 알게 되고, 권위를 배운다.

두 번째로 강조하는 것은 아이들 스스로 규칙을 정하는 것이다. 미래 인재가 갖추어야 할 능력으로 공감 능력, 협업 능력, 리더십, 문제해결 능력 등이 꼽힌다. 모두 자기주도를 할 수 있는 내면의 힘이 필요한 능력이다. 스스로 하는 교육을 위해, 학생 스스로 규칙을 정하고 지키는 훈련이 반드시 필요하다.

사회에서는 주로 어른이 규칙을 정하거나 힘 있는 자가 정하곤 한다. 그러나 하브루타 시간에는 모두가 유익한 시간을 누릴 수 있도록 학생들이 스스로 규칙을 정하게 한다. 그래야 자발적인 실천이 가능하다.

여섯 살짜리 아이가 하브루타 시간에 울고 있었다. 열심히 참여하는 친구들 옆에서 30분 정도 훌쩍거리는 것을 지켜봤다. 왜 우느냐고 물었더니 엄마가 보고 싶다고 말한다. 옆방에 계시니 보고 오라고 하자 아이가 손가락으로 규칙 팻말을 가리켰다. 공과가 재미없으면 참여하지 않아도 되지만, 모임을 떠나서는 안 된다는 규칙이 적혀 있었다.

아이는 규칙을 지켜야 한다는 걸 알고 있었다. 규칙을 지키기 위해 울면서 참고 있던 아이를 칭찬해 주고, 부모에게도 그 사실을 알려 주었다. 자기가 한 행동의 가치를 칭찬받은 아이는 더 적극적인 성격의 아이가 되었다.

규칙을 정할 때는 교사도 학생과 함께 자기 의견을 내면 된다. 그 중에서 꼭 지켜야 할 내용을 선택하게 한다. 늘 기억할 수 있도록 규칙 팻말은 만들어 보이는 곳에 두게 하는 것이 좋다. 인사하기와 규칙 지키기가 신앙 교육이나 학습에 직접적으로 관련되지 않은 것처럼 보이지만, 없어서는 안 될 중요한 요소다. 교사는 이것을 늘 염두에 두고 지도해야 한다.

규칙을 정하고 지키는 것은 마음먹은 것을 스스로 하게 하는 훈련이다. 마음은 공감하지만, 행동하지 않는다면 얻을 열매가 없다. 공부를 잘하고 싶지 않은 사람은 한 사람도 없을 것이다. 잘하려면 노력해야 한다는 것도 모두 다 알고 있다. 그러나 실제로 공부하는 사람은 소수에 불과하다.

교사 훈련을 하면서 질문과 경청 훈련에 공감하면서도 직접 해 보지는 않는 사람이 있다. 질문을 많이 만들어 봐야 현장에서 상황에 맞는 질문을 던지는 순발력이 생긴다. 또한, 질문을 잘할 수 있어야 설명하고 가르치려는 유혹에서 벗어날 수 있다. 경청 훈련도 마찬가지다. 말의 요지를 듣는 훈련을 해야 현장에서 제대로 듣고 반응할 수 있다. 하지만 실제로 연습하는 교사는 많지 않다. 평소에 연습하지 않으면, 필요한 때에 마음먹은 대로 되지 않는다. 어른들도 스스로 하는 훈련을 해야 하는 이유다.

대개 공과를 준비하는 시간에는 아이들이 장난치며 놀 때, 교사는 공과 교재와 준비물을 챙기느라 정신이 없다. 하지만 하브루타에서는 학생들이 공과에 필요한 것들을 스스로 준비하고 함께 정리해야 한다.

출석도 스스로 관리해야 한다. 결석할 수밖에 없는 날이 있다. 아이들은 아무 말이 없는데, 부모가 대신 전달하는 일이 있다. 교회에 나오면 재미있지만, 집에서 나오기가 귀찮은 때도 있다. 부모가 챙기지 않으면, 스스로 나갈 준비를 안 하기도 한다. 하지만 스스로 예배를 준비하고 출석하는 학생이 되게 만들어야 한다.

그런 훈련도 없이 아이들이 진정한 믿음으로 성경을 읽고 기도할 날을 기대하는 것은 거짓이다. 신앙생활도 자기 성향과 습관대로 하게 되어 있다. 무엇을 해도 열정적인 사람은 신앙도 열정적이다. 하지만 늘 수동적이고 어영부영하는 사람은 신앙생활도 그렇게 한다.

하브루타에서 주도적으로 생활하는 아이들은 학교에서도 친구가 많고 관계가 원만한 편이다. 부모들이 들려주는 말에 따르면, 발표도 잘한다고 한다. 대개는 참여 수업 때, 부모가 뒤에 있으면 아이들이 위축되어 발표를 잘하지 못하곤 한다. 그런데 하브루타 아이들은 언제나 자연스럽게 질문하고 대답한다. 평소 어른들과 대화를 나눌 시간이 많기 때문이다.

스스로 할 힘이 없는 아이에게 말씀을 읽고 기도하라고 해 봤자 잔소리밖에 되지 않는다. 몇 년만 하브루타로 교육해 보라. 손 가는 일이 없는 아이로 변모할 것이다.

마지막으로 강조하는 것은 말씀의 실천이다. 성경을 공부하고 하나님의 명령을 실천하는 것은 너무나 중요하다. 일상생활에서 말씀을 기억하고 실천하기란 쉽지 않다. 강요한다고 되는 것도 아니다. 먼저, 매일 기억을 떠올릴 수 있는 자기만의 기호가 필요하다. 유대인에게는 손목과 이마에 기호로 삼는 테필린(Tefillin)이 있다. 우리 뇌의 50%는 시각에 관련된 부분이라고 한다. 잊지 않고 기억하기 위해서 기호를 만드는 것이 매우 효과적이다.

계속 실천할 수 있게 하는 가장 강력한 장치는 말씀 실천에 관해 매주 지속적으로 나누는 것이다. 이 과정은 토론 이상으로 중요하다.

하브루타에서 가장 중요한 나눔이기도 하다. 교사는 반드시 말씀 실천의 경험을 비중 있게 다루고 나눠야 한다.

나이에 맞게
교육하라

유도의 한판으로 승리하려면, 잡기 기술이 중요하다. 또 허리와 다리 기술도 필요하다. 허리를 상대 몸 깊숙이 집어넣고 힘껏 잡아당겨야 한다. 기술도 중요하지만, 더 중요한 것은 기초 체력이다. 체력이 없으면, 기술이 아무리 좋아도 시도하기가 힘들다.

운동만 그런 것이 아니다. 하브루타도 기초 체력이 중요하다. 이야기 나눔이 학습이 되고, 교육이 되려면 기초 체력이 필요하다. 관계 능력은 대화 토론의 기초 체력이다. 서로 싸우거나 싫어하지 않으면, 사이가 좋다고 생각하곤 한다. 웃는 낯으로 인사한다고 친한 사이가 되는 것은 아니다. 사도 요한은 복음을 전하는 이유가 사귐을 위해서이며, 그 사귐이 하나님과 예수 그리스도와 더불어 누림이라고 말한다.

> 우리가 보고 들은 바를 너희에게도 전함은 너희로 우리와 사귐이 있게 하려 함이니 우리의 사귐은 아버지와 그의 아들 예수 그리스도와 더불어 누림이라 요일 1:3

그런데 교회에서 사귐이 있는 교우가 없다. 많은 사람을 만나지만 사귐은 없다. 하브루타는 단순히 지적 활동을 의미하는 것이 아니다. 사람과 사람, 영혼과 영혼, 가슴과 가슴이 이어지는 만남이다. 하나님과 내 영혼의 만남이요 교우와 마음이 연결되는 사귐이다.

사귐이 있는 진정한 하브루타(짝)가 있다면 정말 복 있는 사람이다. 하브루타의 기초 체력은 사람을 편하게 만날 수 있는 사교성이다. 서로 이야기를 주고받을 수 있는 내면의 힘이기 때문이다.

말수가 없는 사람도 편한 사람 앞에서는 수다쟁이가 된다. 활발한 소통을 위해서는 서두르지 말고 친밀함을 쌓아야 한다. 하브루타는 친한 사람과 시작하는 것이 더 좋다. 유대인은 부모가 자녀에게 최초의 하브루타가 되어 준다. 그리고 점점 그 폭을 넓혀 간다. 교회 하브루타에서는 선생님이 가장 친밀한 사람이 되어야 한다.

교사는 해설하고 가르치려고 하는 경향이 강하다. 학생들이 깨달음을 얻고, 은혜 받기를 바라는 마음이 크다 보니 조급해진다. 그러나 깨달음과 결론이 이미 정해진 교사는 오히려 학생들에게서 가장 사랑받지 못하는 교사다. 가르치기보다 관심을 가지고 관찰하는 것이 더 중요하다. 관찰이 없으면, 자기중심적인 가르침으로 일관하게 된다. 교사 자신이 중요하게 생각하고, 필요하게 여기는 것을 가르치게 된다.

특히 유치부는 내용 이해가 중심이 되어야 한다. 질문은 선생님이 하고, 학생들의 생각을 들어보는 것이 바람직하다. 그러다 보면 아이들도 자연스럽게 질문하게 된다. 질문 만드는 법은 초등학교 3학년 이상부터 하게 한다. 인지학에서 초등학교 때는 정서를 잘 준비하는 시기라고 한다. 질문을 통해 본문의 내용을 다양하게 상상하도록 하는 것이 좋다.

요즘은 미디어에서 토론을 많이 강조한다. 하지만 초등학생에게 토론과 논쟁은 무리다. 반대 의견으로 주장해야 하는 토론보다는 함께 생각하고 고민하는 토의가 좋다. 자기 의견에 반대하는 사람에게 악감정을 갖지 않고 건강한 토론과 논쟁을 할 수 있으려면 성숙함이 필요하기 때문이다. 요지를 파악하고 근거를 가지고 말하는 것은 어려운 일이다. 그래서 꿈지락 하브루타에서는 청소년 이상에게 토의하는 법을 지도하고 있다. 모두 학생들을 면밀히 관찰한 덕분에 얻은 결과다.

하브루타를 통해
누리는 복

하브루타의 우수성을 처음부터 구체적으로 알고 시작했던 것은 아니다. 강론이 하나님 말씀이라는 믿음 하나로 시작했다. 무엇부터 어떻게 해야 할지 몰랐다. 다만 하나님을 믿고 말씀대로 시작한 것이다. 시행착오도 많았지만, 시간이 지나면서 차츰 그 축복을 누려 가고 있다. 나 자신은 물론 가정과 교회가 달라졌고, 덕분에 하나님의 은혜를 누리게 되었다.

하브루타를 하면서 내가 겪은 가장 큰 변화는 말씀을 대하는 태도가 달라졌다는 것이다. 이전에는 하나님 말씀을 실천하려면, 먼저 말씀을 이해하고 깨달아야 한다고 생각했다. 그런데 지금은 정반대로 생각한다. 성경을 읽고 그 뜻을 이해하는 것은 그리 어려운 일이 아니다. 하나님의 명령은 대부분 단순하다.

"서로 사랑하라"라는 말씀을 이해하는 데 아무런 문제가 없다. 우리는 하나님 말씀을 깨달아야만 실천하고 적용할 수 있다고 생각하지만 사실은 그렇지 않다. 만약에 이해가 안 되고 깨달음이 없으면 말씀을 실천하지 않아도 된다는 것인가? 아니다. 말씀은 깨달음이 없어도 순종해야 한다. 아브라함에게 이삭을 바치라고 하신 하나님의 요구에서 보듯이 하나님은 이해하기 힘든 요구를 하시기도 한다.

하브루타를 계속해 오면서 참 많은 것을 깨닫고 은혜를 누렸다. 그러다 보니 경험에서 오는 학습 효과가 생겼다. 말씀 실천이 주는 놀라운 은혜다. 단순히 책상에 앉아 이야기를 나눈 것과는 비교할 수 없는 깊은 깨달음이 있다. 이제는 이해가 부족해도, 아니 이해가 되지 않아도 말씀을 실천하는 경우가 많아졌다.

"서로 사랑하라"는 말씀에 특별한 깨달음과 감동이 없어도 사랑을 실천하다 보면, 왜 하나님이 서로 사랑하라고 말씀하셨는지를 깨닫게 된다. 실천이 늘어 갈수록 하나님이 왜 도우라고 하지 않으시고, 사랑하라 하셨는지를 새삼 깨닫는다. 본문 말씀에서 더 깊고 넓게 주님의 마음을 접하게 되는 것이다. 굳이 서로 강론하라 하신 뜻을 깨닫는 순간에 그 참맛을 제대로 알게 된다.

하브루타는 말씀을 깨닫게 할 뿐만 아니라 자기 자신을 발견하게도 한다. 나는 스스로 민주적인 목사라고 생각했다. 성도들과 함께 이루어 가는 사람이라고 착각한 것이다. 그러나 하브루타를 하다 보니, 나는 조용하고 부드럽게 말하는 사람이지 민주적인 리더는 아니라는 사실을 깨달았다. 혼자서 결론을 내리고, 옳은 일이니 함께해야 한다고 부드럽게 말할 뿐이었다. 성도들과 함께 결론을 도출하기 위해서 더불어 고민하고 의견을 나누는 사람은 아니었다. 이처럼 하브루타는 자신의 현주소를 발견하게 한다.

지속적으로 하브루타에 참여한 성도들의 변화를 보면 놀랍다. 생활 속에서 말씀이 자주 생각나는 것은 기본이다. 생활 태도에 많은 변화가 생겼다. 사람들의 이야기를 주의 깊게 듣는 습관이 생기고, 실천이 많아졌다. 자기도 모르게 달라진 점이 많다고들 한다. 부부 갈등, 성도 간의 갈등이 사라졌고, 교회 분위기가 전반적으로 평온하고 밝아졌다. 꾸준히 오랫동안 참여한 성도들은 긍정적인 말을 많이 하며 설득력 있게 말할 줄 알게 되었다. 영업하는 성도들의 생업에도 효력을 발휘하는 것 같다.

하브루타를 실시한 후로는 최근 몇 년 동안 성도들의 부부 갈등 상담을 해 본 적이 없다. 또 학생들이 자기들끼리 놀다가 다투는 일도 없다. 그러고 보니 교우 간의 갈등도 없어졌다. 무엇보다도 감사한 것은 성도들의 신앙이 균형 있고 건강하게 성장한다는 것이다. 교회 청소를 비롯해 봉사도 교회에서 강제해 본 적이 없다.

하브루타 교육을 실시한 후로는 학생들이 교회에 오는 것을 즐거워하고 중고등학생까지도 결석하는 일이 거의 없다. 청소년들은 사춘기 반항이 사라졌고, 어른들에게 자연스럽게 다가서는 모습도 보인다.

겨우 단답형으로 대답하던 아이들이 이젠 곧잘 자기 의견을 이야기하기도 한다. 점심시간이면 커피 드시겠느냐고 자연스럽게 물어오는 학생도 있다.

오랫동안 왕따 문제로 의기소침해 있던 학생이 하브루타를 통해 자신감을 회복한 경우도 있다. 유치원 때부터 하브루타를 해 온 아이들은 초등학교에 입학하자마자 너무나 잘 적응한다. 아직은 성경을 조각조각 알고 있지만, 신앙이 확실히 자리잡혀 가고 있다. 학교에서 친구 관계가 좋고, 수업 시간에 모르는 단어가 나오면 곧바로 질문하기도 한다. 학교 선생님의 말에 따르면, 하브루타를 한 학생들은 무조건 손들고 소리 지르기보다는 질문을 해야 할 때와 하지 말아야 할 때를 잘 구분한다고 한다.

우리 아들은 교회에서 하브루타를 가장 오래 한 학생이다. 목사의 아들이기에 누릴 수 있는 축복이라며 하나님께 감사하다고 말한다. 아들은 아빠한테 혼나고 매를 맞아도 사실 자기 내면은 변하지 않았었다고 말한다. 엄마 몰래 하는 짓도 많았는데, 마음에 신앙이 들어오니 모든 것이 변했다고 고백한다. 그 무섭다는 중2병도 겪지 않았다. 이제 고등학생이 된 아들은 학생과 친구들 사이에서 신앙 멘토 역할을 톡톡히 하고 있다. 어떨 때 보면 목사인 나보다도 신앙이 더 깊어 보이기까지 한다. 하나님의 도움 없이는 자기 노력도 의미가 없다며 시험 기간에도 기도회를 한 번도 빠지지 않고 참석하고 있다.

나는 가정과 교회가 강력한 태풍으로 풍비박산이 된 상태에서 하브루타를 시작했다. 사실 그때는 할 수 있는 것이 아무것도 없는 상황이었다. 그런데 하브루타를 통해 자녀와의 간격을 좁힐 수 있었다. 말씀 안에서 소통이 이루어지니 너무나 많은 복이 임했다. 큰아이의 방황도 끝까지 품을 수 있는 원동력이 되어 주었다. 하브루타는 우리 가정에는 생명줄과도 같은 시간이다. 하브루타를 통해 시련을 이길 수 있었다.

나는 "지금! 단 한 사람에게라도 도움이 되는 일을 하라"고 강조하곤 한다. 나중에 훌륭한 사람이 되어서 남을 도울 게 아니라 지금 당장 한 사람에게라도 도움이 되는 일을 하라는 것이다. 아들은 공부를 포기한 학교 친구들을 설득해서 공부하도록 돕는 일을 하고 있다. 처음에는 자신도 공부를 잘 못하기에 두렵다며 망설였다. 자신이 잘하는 과목과 자신이 아는 것 안에서 도울 수 있는 친구부터 시작해 볼 것을 권했다. 그때만 해도 아들은 공부에 관심이 많지도 잘하지도 않는 편이었다.

아들은 친구를 가르치다 보면, 결국 자기 공부가 되더라며 좋아한다. 덕분에 학원의 문턱을 한 번도 넘어 보지 않고도 좋은 점수를 받을 수 있었다. 친구 가르치기의 맛을 제대로 본 것이다. 오랫동안 여러 친구에게 도움을 주다 보니 사람에 따라 인간관계 맺는 법도 배운다고 말한다. 덕분에 가르치는 은사가 개발되었다.

하브루타의 축복은 단순히 성경을 깊이 이해하고 깨닫는 정도가 아니다. 계속해서 하면, 고구마 줄기 같은 하나님의 은혜를 누리게 될 것이다.

스스로 잘하게 하려면…

1. 작은 변화도 칭찬하라.

"자기주도"란 말은 멋있지만, 실제로 실현하기는 쉽지 않다. 어른도 자기주도가 힘든데, 어린 학생들은 오죽하겠는가? TV에서 보면, 외국 아이들은 스스로 일어나고, 스스로 옷도 잘 입는 것 같은데 우리는 왜 안 될까? 부모가 다 해 줘 버릇해서 그렇다고 말한다. 그러면 내버려두면 잘할까? 결과는 더 엉망이 된다. 자기주도가 옳다는 것은 알지만, 막상 하려면 왜 잘 안 될까? 가장 큰 이유는 스스로 하려는 내면의 에너지가 없기 때문이다.

그렇다면 어떻게 스스로 하려는 내면 에너지를 만들 수 있을까? 결과보다 과정의 작은 변화를 칭찬할 때 에너지가 생겨난다. 부모가 결과에만 집착하면, 부작용이 생긴다. 좋은 결과를 보여 주기 위해 거짓으로 꾸미기도 하기 때문이다. 그러나 과정에서 보이는 작은 변화를 칭찬하고 격려하면, 더 잘하고 싶어 하며 즐거운 마음으로 노력한다. 그러다 보면 스스로 잘하는 아이로 성장하게 된다.

2. 쉬운 것부터 하게 하라.

우리는 크고 거창한 목표를 세우지만, 늘 작심삼일에 그치고 만다. 그런데 유대인들은 자녀에게 자기가 해야 할 일의 목록을 세세하게 만들어 가장 쉬운 것부터 하라고 교육한다. 예를 들어, 계절에 맞는 옷을 미리 몇 벌 준비해 두었다가 그 안에서 아이가 스스로 선택하여 입게 한다. "엄마가 주는 옷 입어"는 강요가 되고 "아무거나 마음대로 입어"는 방임이 될 수 있다. 제한적 선택을 하게 하는 것이 좋다. 아이가 자랄수록 제한적 선택의 폭을 넓혀 가면 된다. 말씀의 적용도 마찬가지다. 가능한 일의 목록을 작성하고, 가장 쉬운 것부터 실천해 나가게 하면, 스스로 하는 습관을 갖게 될 것이다.

PART 5

실전!
나도 하브루타 교사가
될 수 있다

교사의 나침반,
하브루타 내비게이션

막연히 아이들과 질문하고 토론하는 것은 나침반 없이 태평양을 항해하는 것과 같다. 하브루타는 말을 많이 하는 사람을 만드는 교육이 아니다. 말을 많이 하는 것과 대화하는 것은 다르다. 하브루타는 잘 듣고, 적절하게 의견을 서로 주고받으며 함께 성장하는 교육이다.

교사는 학생을 관찰하고 지도할 분명한 기준이 있어야 한다. 교사는 학생에게서 변화를 발견하지 못하면 지치게 마련이다. 그러나 지속적인 만남은 오히려 변화를 감지하기 어려울 수 있다. 그렇기에 관찰 기준이 필요하다. 교사는 다음 "하브루타 내비게이션"을 숙지해야 한다.

하브루타 내비게이션

1. 내용 파악 능력

- 해당 성경 본문 내용을 이해하고, 요점을 파악하고 있는가?

- 대화 상대의 말을 이해하고, 그 말의 요지를 파악하는가?

- 해당 성경 구절에 나오는 단어 뜻과 개념을 잘 알고 있는가?

- 본문의 시대 배경과 관습 등을 조사하는가?

2. 사고 확장 능력

- 생각이 본문 너머에까지 미치고 있는가?

- 본문에 드러난 내용을 넘어 말씀의 의도나 전달하고자 하는 메시지를 찾아가는가?

- 자기 생활에 말씀을 연계하고 확장하는가?

3. 표현 전달 능력

- 논거를 가지고 조리 있게 생각하고 말하는가?

- 짝의 말을 이해하고, 적절하게 반응하는가?

- 깨달은 말씀을 말과 행동으로 생활 속에 표현하는가?

- 이야기하고 나눈 내용을 종합하고 정리할 수 있는가?

다시 말하지만, 교사는 성경을 가르치고 설명해 줘야 할 것 같은 부담감에서 벗어나야 한다. 설명이 필요하다면, 가급적 간단하고 담백하게 할수록 효과적이다. 교사는 함께 공부하는 본을 보여 주는 사람이고, 학생들이 힘들어할 때 격려하며 지지하는 응원자이자 촉진자다. 하브루타 교사가 지침으로 삼아야 할 내비게이션을 구체적으로 살펴보자.

1. 내용 파악 능력: 소통하고 피드백하라

우리 사회의 교육은 피드백이 부족하다. 과거 학교 시험은 정답을 묻는 시험지가 피드백의 전부였다. 정답 찾기에 익숙한 기성세대에게 피드백은 어려운 문제다. 그러나 가르치는 것보다 어떻게 이해했는지를 확인하는 것이 더 중요하다.

듣기만 하면 5%가 기억에 남고, 입으로 설명하고 가르치면 90%가 기억에 남는다고 했다. 부모가 중요하다고 입이 아프게 말해 주어도 아이들은 건성으로 들으니 처음부터 5%만 받아들이는 셈이다.

하브루타는 공부한 것을 오래 기억하기 위해서 말로 설명하는 것이 아니다. 이야기를 주고받으면서 배우고 이해하며 쌓아 가는 것이다. 하브루타의 위대함이 여기에 있다. 배운 것을 피드백하는 것이 아니라 배우는 과정이 피드백되는 것이다. 하브루타는 공부까지도 재미있게 만든다. 이야기를 나누며 소통하다 보면, 학습의 정도를 파악하는 것을 넘어서게 된다. 학습의 재미와 넓이와 깊이가 달라진다. 이처럼 개별 지도가 가능한 교육이 바로 하브루타다.

2. 사고 확장 능력: 생각이 점프하게 하라

질문이 무엇이냐고 물으면, 대부분 궁금한 것을 묻는 것이라고 대답한다. 하지만 성경을 궁금해하는 학생이 몇 명이나 될까? 학교 공부에 호기심을 가진 학생은 몇 %나 될까? 대부분 학생은 성경을 궁금해하지 않는다. 아예 관심도 없다. 교회에 왔으니 그냥 읽는 것이다. 어른이 시키니 할 뿐이다. 아이가 궁금해하길 기다리다간 늙어 죽을 것이다. 어른도 크게 다르지 않다.

궁금해서 질문하는 것이 아니라, 질문을 해야 호기심이 생기는 것이다. 질문을 해야 관심이 생긴다. 또한, 자기 생활로 연결될 때 재미를 느낀다. 그러므로 질문 능력이 곧 사고 확장의 핵심이다.

하브루타는 단순히 글의 문맥을 파악하는 국어 공부가 아니다. 학생이 소극적인 이유는 어른들에게 마음의 문을 닫아서만은 아니다. 교사가 성경의 배경 지식을 모르거나 근거를 찾지 못하는 등 이야깃거리가 부족하기 때문이기도 하다.

교사는 아이들로 하여금 글의 배경, 작가의 의도, 글에 드러나 있지 않은 감정이나 상황, 자기 생활 등으로 생각을 확장해 갈 수 있도록 도와야 한다. 생각이 확장될수록 말씀이 풍성한 생명력으로 아이에게 다가간다.

3. 표현 전달 능력: 전달 능력을 길러 주라

하브루타 교육사를 공부할 때의 일이다. 대구 거리에 젊은이가 돈을 뿌린 사건이 주제가 되었다. "주운 돈을 돌려줘야 하는가? 아니면 가져도 되는가?"로 찬반 토론을 했다. 모두 나름대로 주장을 펴며 열변을 토했다.

그런데 한 여성이 참여하지 않고 한참 동안 휴대전화만 만지고 있었다. 그 모습이 좋아 보이지 않았다. 토론이 한창 진행되는 가운데 그 여성이 갑자기 손을 들고 말했다.

"저기요, 여기 물권법이 있는데요…."

인터넷 검색으로 정확한 논거를 찾아낸 것이다. 모두 입을 다물 수밖에 없었다. 그날 토론의 승자는 단연 그 여성이었다.

말을 잘하는 것은 말을 많이 하는 것과는 다르다. 상대가 말하는 요지를 제대로 파악하고, 근거를 가지고 자기주장을 할 줄 알아야 한다. 또 친구에게 말하는 것과 소그룹에서 말하는 것이 다르다. 대중 앞에서 말하는 것 또한 다르다. 어떤 모임에서든지 자기 생각을 잘 정리해서 표현하고 발표하는 능력이 중요하다.

실전!
하브루타 7단계

하브루타의 기본 정신은 함께 배워 가는 것이다. 만나고 인사하는 시간부터 사람 냄새가 나야 한다. 앞서 밝혔듯이 서로 얼굴을 보고 진정성 있게 인사하라. 하브루타는 사람과 사람의 만남이고 하나님과 영혼과 영혼의 만남이다.

하브루타를 처음 시도한다면, 공과 시간을 40분에서 1시간으로 하는 것이 적당하다고 생각한다. 진도를 나가는 것보다는 즐겁게 소통하는 것에 중점을 두는 것이 중요하다. 무엇보다 학생들의 마음을 얻는 일에 성공하는 것이 중요하기 때문이다. 하브루타의 성공은 학생의 자발적인 참여에 달렸다. 학생이 스스로 성경에 관심을 두고 배울 수 있게 해야 한다.

꿈지락 주일학교는 매주 2시간씩 진행한다. 먼저, 30분간 예배를 드리고, 모든 연령이 한데 모여 협동놀이 학습을 30분간 진행한다. 그러고 나서 부서별로 나뉘어 1시간 정도 하브루타 공과를 진행하고 있다.

가정에서도 하브루타를 할 수 있는데, 처음 시도하는 것이라면 집에서 하기보다는 조용한 레스토랑에서 하는 것도 좋은 방법이다. 자녀가 이색적으로 여기고, 훨씬 적극적으로 참여하게 된다. 자녀가 하브루타에 참여하기로 동의했다고 해서 마음 문까지 연 것은 아니다. 부모가 자기 열정으로만 끌고 나가면, 얼마 못 가서 그만두게 된다. 만약 집에서 한다면, 자녀가 좋아하는 간식을 준비해 두는 것도 한 가지 방법이고, 양초 같은 소품을 활용하는 것도 분위기 전환에 도움이 된다.

우리 가정도 소극적인 큰아이를 참여시키기 위해 한 달에 한두 번은 외식을 하면서 하브루타를 하곤 했다. 분위기가 한결 부드러웠고, 아이의 엉뚱한 이야기에도 욱하는 일이 없었다. 우리는 지금도 레스토랑 하브루타를 매달 한 번씩 하고 있다.

주일학교에서든 가정에서든 활발한 토론을 유도하고 싶다면, 처음부터 무턱대고 말하기를 강요하며 질문 만들기에 들어가서는 안 된다. 곧바로 술술 대답한다면, 과거에 인상 깊은 경험을 했거나 누군가와 이야기를 나눠 본 경험이 풍부해서일 것이다. 대개는 갑작스럽게 말하라고 하면 당황하기 마련이다.

먼저, 두 사람씩 짝지어 이야기를 나누고 나서 모두 함께 토론하게 하는 것이 효과적이다. 남매를 둔 가정의 경우에는 아빠와 아들, 엄마와 딸이 짝지어 의견을 나눈 뒤에 모두 모여 함께 이야기를 나누면 좋다. 두 사람씩 대화하면, 소외되는 사람이 없어지기 때문이다. 자녀가 어리다면, 가족 중에서 가장 편하게 대화할 수 있는 어른이 짝이 되어 주면 좋다.

다음은 교회에서 하브루타를 진행할 때 도움이 될 만한 실전 7단계다. 같은 성경 본문으로 4주간 하브루타 공과를 진행할 때 7단계를 적절히 나누어 진행하면 좋을 것이다. 구체적인 적용 예시는 부록을 참고하기 바란다.

1단계. 기도부터 하브루타로 준비하라

시작 기도는 보통 습관처럼 그저 형식적인 순서인 경우가 많다. 눈을 감고 기도에 동참하지만, 그 내용을 유심히 듣고 마음으로 동참하는 사람은 드물다.

하브루타에서는 서로 의견을 나누고, 공동 기도문을 만들어 보기를 권한다. 공동 기도문은 학생의 이름과 기도 제목을 넣어서 만든다. 자기 이름이 들어 있는 기도문을 대하면, 마음가짐이 달라질 수밖에 없다. 공동 기도문은 한 학기 동안 사용하여 내용이 머리에 새겨지게 한다. 낭독하고 잠시 함께 기도하는 시간을 가진 후에 리더가 대표로 기도한다.

간혹 교사가 학생에게 대표기도를 하게 하는 것을 본다. 하지만 기도는 교사의 권위와 밀접한 관련이 있다. 시작과 끝, 둘 중 한 번은 반드시 교사가 하도록 한다. 권위주의는 없어져야 하지만 권위는 살아 있어야 한다. 교사의 권위는 개인의 것이 아닌 하나님의 것이기 때문이다. 다음 기도하기의 예를 보자.

■ 기도하기: 유치부 예

- □ 하나님은 내가 어떤 기도를 하기 원하실까요?
- □ 기도만 하면, 정말 다 이루어질까요?
- □ 훌륭한 사람은 어떤 기도를 할까요?
- □ 생각을 이야기하고, 하나님께 그림 편지를 그려 보세요.

(교사가 아이들에게 질문하고 종합해서 공동 기도문을 만든다.)

■ 기도하기: 초등부 이상 예

하나님, 우리가 하브루타를 시작하면서 마음을 모아 함께 기도합니다. 먼저, 우리를 사랑하시는 하나님을 찬양합니다. 성령님! 우리에게 지혜를 주셔서 말씀을 올바로 이해하게 도와주세요. 모두가 즐겁게 지내도록 규칙을 잘 지키게 도와주세요. 선생님이 우리를 잘 지도하도록 도와주시고, ○○은 기도를 잘하는 친구가 되게 해 주시고, ○○은 그림을 잘 그리는 친구가 되게 해 주세요. 말씀을 잘 배워 생활이 달라지는 우리가 되게 해 주세요. 예수님의 이름으로 기도드립니다.

아이들이 온종일 떠드는 시기가 있다. 말은 많이 하지만 아직 표현이 서툴다. 하브루타를 하다 보니 나 자신은 물론 대부분의 사람들이 생각을 조리 있게 표현하는 것이 서툴다는 것을 알았다. 감정 표현은 더욱 서툴다. 사용하는 감정 단어가 매우 한정적이다.

느끼는 감정을 적절한 단어로 잘 해석하고 표현하는 것이 중요하다. 감정을 잘 해석하고 표현하는 것은 안정된 감정을 갖는 데 중요한 역할을 한다. 화를 내는 것도 짜증이 나서 그럴 수 있고, 속이 상해서 그럴 수도 있다. 그밖에 다양한 감정이 원인일 수 있다. 공감은 표현되는 감정이 아니라 원인이 되는 감정을 읽어 주는 것이다.

아이들과 듣기 싫은 말을 들었을 때, 그들이 느꼈던 감정을 이야기하는 시간을 가져 봤다. 그런데 "기분 나빴다" "화가 났다" 등 대답이 너무 단순했다. 자기 마음을 표현하는 데도 짧고 단순하게밖에 표현하지 못했다. 어떻게 하면 다양한 표현을 자연스럽게 할 수 있을까 하는 고민이 시작됐다. 이런저런 방법을 시도해 봤다. 그러다가 알게 된 몇 가지 효과적인 방법이 있다.

우선, 매개체를 사용하는 것이다. 감정 단어를 준비하고, 자신에게 맞는 단어를 선택하고 설명하는 것이다. 또 여러 가지 사진을 준비해 놓고, 한두 개 선택하고 설명하게 하는 것이다. 사진이 없을 때는 방안에 있는 사물을 선택하게 하는 것도 방법이다. 매개체를 사용하면, 마음을 구체적으로 잘 표현할 수 있다. 설명하다 보면, 생활 이야기가 되고, 막연하던 감정이 이해되고 정리되는 것을 느낄 수 있다. 무조건 말해 보라고 하는 것보다 매개체를 사용하면 더욱 자연스럽게 이야기를 끌어갈 수 있게 된다.

매개체 선택은 연령에 따라 그 수준을 다르게 할 필요가 있다. 유치부처럼 어린 친구들은 사진에 자기 마음을 투영하기가 어렵다. 동물로 표현한다든지 그보다 익숙한 사물을 사용하는 것이 좋다. 감정 단어도 연령에 맞게 너무 어려운 단어는 피하는 것이 좋다. 감정의 종류뿐 아니라 강도도 시각화시키는 것이 좋다. 휴대전화 배터리 충전 표시처럼 그 강도를 색칠하거나 다양한 색깔과 모양으로 표현하는 것이다.

성경도 문설주에 표를 하고, 이마와 손목에 기호로 삼으라고 했다. 즉 시각적 교육 방법을 일컫는다. 시각화하는 표현은 마음 나눔에서뿐만 아니라 본격적인 성경 하브루타에서도 다양한 방법으로 활용할 수 있다.

■ 감정 나눔: 유치부 예

나의 기분을 말해 봐요.

❶ 선생님은 친구들을 만나 기분이 .... 해요.

오늘 나의 기분을 아래에서 선택해 보세요.

슬픔이(   )   기쁨이(   )   버럭이(   )   까칠이(   )   소심이(   )

선택한 감정 그림의 배경색으로 얼마만큼 많이 느끼는지 아래 에 너지 바에 색칠해 주세요. (예: 버럭이 – 빨간색)

가장 약함 ————————————→ 가장 강함

위 그림을 선택한 이유를 말해 보세요.

감정 나눔: 초등부 예

나의 기분을 말해 봐요

	집에서	학교에서	교회에서
듣기 싫은 말은 무엇인가요?			
그 말을 들었을 때의 마음을 색깔, 도형, 낙서로 표현해 보세요. 혹은 아래 단어 중에서 골라 보세요.			
나라면 어떻게 말했을까요?			

긍정적 불쌍한, 신나는, 즐거운, 자랑스러운, 행복한, 기쁜, 뿌듯한, 통쾌한, 포근한, 만족하는, 상쾌한, 재미있는, 편안한

부정적 슬픈, 화가 나는, 속상한, 불안한, 창피한, 억울한, 우울한, 짜증 나는, 샘이 나는, 두려운, 아쉬운, 답답한, 서운한, 얄미운, 실망스러운, 부끄러운, 걱정되는, 원망스러운, 겁나는, 놀란, 쓸쓸한

감정 나눔: 청소년 예

나의 기분을 알아 봐요

	집에서	학교에서	교회에서
듣기 싫은 말은 무엇인가요?			
그 말을 들었을 때의 마음을 색깔, 도형, 낙서로 표현해 보세요. 혹은 아래 단어 중에서 골라 보세요.			

긍정적 유쾌한, 가슴 벅찬, 감격한, 경이로운, 고마운, 기대하는, 놀라운, 다정함, 당당한, 되살아난, 들뜬, 만족스러운, 뭉클한, 반가운, 밝은, 벅찬, 뿌듯한, 상쾌한, 설레는, 신기한, 신나는, 신선한, 애틋한, 열렬한, 우쭐한, 유쾌한, 자랑스러운, 자부심이 드는, 자신만만한, 자애로운, 즐거운, 짜릿한, 찡한, 친근한, 침착한, 쾌활한, 통쾌한, 평온한, 평화로운, 포근한, 한가로운, 행복한, 확고한, 활기찬, 황홀한, 흐뭇한, 흥겨운, 흥분되는

부정적 불쾌한, 간절한, 거슬리는, 걱정스러운, 고민되는, 괴로운, 귀찮은, 기막힌, 긴장된, 낙심한, 난감한, 난처한, 당혹스러운, 덜컥하는, 따분한, 떨리는, 막막한, 맥 빠진, 못마땅한, 무기력한, 무서운, 미칠 듯한, 민감해진, 민망한, 부끄러운, 부담스러운, 부러운, 분한, 불편한, 비참한, 비판적인, 상심한, 샘나는, 서글픈, 서러운, 섭섭한, 소름 끼치는, 속상한, 수치스러운, 슬픈, 실망한, 심란한, 심통 나는, 싸늘한, 쑥스러운, 쓸쓸한, 아리송한, 아찔한, 암담한, 애타는, 야속한, 약 오른, 억울한, 얼떨떨한, 오싹한, 외로운, 우울한, 욱하는, 울고 싶은, 원망스러운, 절망하는, 조급한, 조심스러운, 좌절된, 죄스러운, 주눅 든, 주저하는, 증오스러운, 질투 나는, 짜증 나는, 찜찜한, 창피한, 처량한, 초조한, 침울한, 혼란스러운, 화난, 황당한, 후회되는, 힘겨운

3단계. 성경 내용을 이해하게 하라

성경 이야기를 그림으로 표현하라

구연동화는 단순하게 읽는 것보다 재미있고, 내용을 더 상상하게 한다. 하지만 어떻게 받아들이고 이해했는지 확인하는 피드백이 부족하다. 그동안은 학습 과정에서 소통하고 피드백하기보다는 학습 후에 시험으로 확인하는 교육을 받아 왔다. 그러니 시험 말고는 딱히 다른 평가 방법을 알지 못했다. 교사들도 가르치는 일에 집중했다. 구연동화를 하다가 중간에 아이들이 질문하면, 소통하기보다는 빨리 대처하고 일단 끝까지 마치려고만 했다.

어떻게 하면 성경 이야기를 재미있게 들려주면서도 학생들이 이해했는지를 바로 확인할 수 있을까? 그래서 생각해 낸 방법이 글과 관련 있는 그림을 준비하고, 그림 내용을 설명하는 것이다. 유치부는 손가락으로 그림을 짚어 가며 구연동화로 설명하고, 질문을 통해 아이의

생각을 듣는다. 그러면 아이들은 성경 이야기를 하다가 떠오르는 생각을 말하기도 하고 질문하기도 한다.

초등학생은 그림에 어울리는 내용을 쓰게 하거나 성경 소설을 쓰게 한다. 또 인터넷을 검색해서 관련 있는 그림들을 찾아보고, 이야기를 나누게 하기도 한다. 작성한 글을 서로 비교하면, 다양한 이야기로 전개된다. 그렇게 하면, 성경 내용 파악을 넘어서 생활과도 연결된다.

그림은 그림 성경을 이용하거나 인터넷을 활용하면 된다. 이 과정에서 어려운 단어의 뜻과 개념을 이야기한다. 단어의 뜻을 직접 설명해 주기보다는 사전을 찾아보고, 친구들의 생각을 들어본 뒤에 선생님이 정리하는 것이 좋다.

또 본문을 읽기 전에 본문과 관련하여 생각나는 것을 이야기해 보고, 그 내용을 성경에서 찾아보게 하는 것도 효과적인 방법이다. 많이 들어본 성경 이야기는 안다고 생각하지만, 정확히 모르는 경우가 많다. 성경에서 확인하는 것만으로도 내용을 파악하고 이해하는 데 큰 도움이 된다.

인터넷을 검색해 보면 성경 본문과 관련된 그림이 많다. 하지만 상당수 그림은 성경 내용을 바르게 표현하지 못한 것들이다. 상대방과 서로 의논하며 그림 중 틀린 부분을 찾아보는 것도 좋은 방법이다. 그림 말고 성경 본문을 요약한 글에 성경과 다른 부분을 삽입했거나 틀리게 요약한 내용이 있는지 찾아내게 하는 것도 방법이다. 이때 학생들에게 틀린 곳이 몇 군데인지 말해 주지 않는 게 더 효과적이다. 그러면 학생들이 오히려 글 전체를 성경에서 확인하게 된다.

한 주 후에 내용을 얼마만큼 기억하고 이해하는지 피드백해야 한다. 지난주에 나눈 내용에서 생각나는 것을 말해 보게 하고, 어린아이들은 관련 그림을 준비하여 떠오르는 생각을 말하게 하는 것도 방법이다.

■ 그림으로 표현하기(에덴동산): 유치부 예

유치부는 선생님이 들려주는 이야기에 등장한 인물 캐릭터를 찾은 후 오려서 책에 붙이게 한다. 선생님의 질문을 듣고 에덴동산에서 아담과 하와의 생활을 상상해 본 후 여백에 그림을 그리게 한다. 그리고 선생님이 설명을 해 준다. 꿈지락 하브루타에서 시간이 지나 다시 에덴동산을 공부한 적이 있었는데 아래 사진처럼 나뭇잎, 모래 등을 가져와 붙이며 공부하는 학생도 생겨났다. 무화과 잎과 모양이 비슷한 뽕잎을 사용한 학생도 있었다.

짝과 함께 그림 내용에 맞는 성경 이야기를 여백에 기록하고 발표한다. 고학년은 현대판 이야기로 각색해도 된다.

짝과 만드는 성경 이야기

그림에 맞는 이야기를 빈자리에 써 보세요(반드시 짝과 함께 이야기를 만드세요).

 친구에게 '내가 만든 성경 이야기'를 들려주고, 설명해 주세요.

피드백이 답이다

자기 글을 친구에게 소개하게 하면, 어떻게 이해했는지 확인할 수 있다. 또 교사가 이루기 원하는 목적이 수단이 되게 하는 미션이 필요하다. 아이들은 시키면 꼭 반대로 하거나 하지 않는다. 부모는 자녀가 성경을 스스로 읽고, 알아서 기도 생활을 잘하길 원하지만, 현실은 반대다. 아이들을 뜻대로 다루기란 쉽지 않다.

어른으로부터 강요를 당한다고 느끼거나 재미가 없으면, 아이들은 소극적으로 돌변한다. 지루해하는 아이들을 관찰해 보면, 손이나 몸을 가만히 두지 못한다. 재미있게 놀면서 성경을 공부하게 할 수는 없을까? 그래서 오히려 손과 몸을 움직여야 하는 공부법을 찾아봤다. 어른들의 목적이 수단이 되는 미션이 필요했다.

예를 들어, 성경 내용을 입체로 만드는 미션이다. 종이, 가위, 풀, 색연필만 주고 창세기 3장 내용을 입체로 표현하게 하는 것이다. 초등학교 3학년 이상에게는 만든 조형물 옆에 관련된 질문 팻말을 세우고, 서로 이야기를 나누게 한다.

교사가 원하는 것은 성경을 읽고 내용을 이해하는 것이다. 그러나 어떤 목적이든지 주어지는 순간부터 부담되기 마련이다. 되레 목적이 수단이 되는 미션을 통해 자연스럽게 목적을 달성한

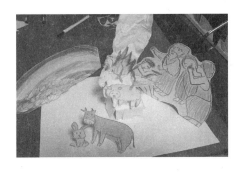

홍수 후 방주에서 나온 노아/ 입체 만들기

다. 아이들이 즐겁게 놀면서도 학습하게 되는 좋은 방법이다.

　　다양한 방식의 퀴즈를 활용하는 것도 좋다. 골든벨 게임, 주사위 게임, 빙고 게임 등을 활용하는 것이다. 성경을 공부할 시간을 주고, 퀴즈를 낸다. 선생님이 퀴즈를 미리 준비해도 좋고, 아이들이 퀴즈를 만들게 해도 좋다

■ 피드백: 유치부 예 1

무엇이 생각나는지 말해 보세요.

그림 내용을 순서에 맞게 말해 보세요.

■ 성경 공부 & 피드백 예 3 - 주사위 퀴즈 게임

노아를 따라 방주를 타고, 죄와 고통에서 탈출해요.

주사위 숫자만큼 가다가 번호에 걸리면 퀴즈를 풀어야 해요. 정답을 종이에 적어서 선생님께 조용히 보여 주세요. 소리 내어 답을 말하면 틀린 것으로 간주해요. 답을 맞히면 주황색 화살표를, 틀리면 검은색 화살표를 따라가세요. 의와 행복의 나라에 먼저 도착하는 게임입니다.

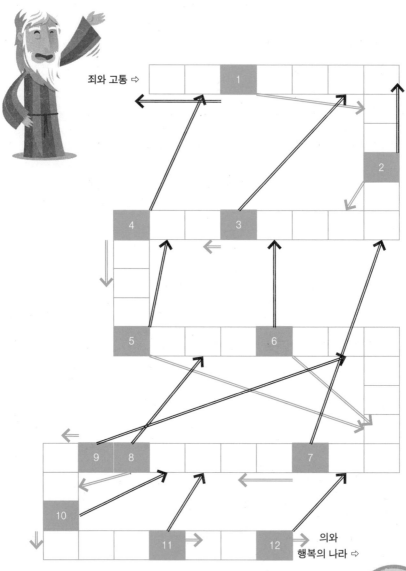

죄와 고통 ⇨

| | | 1 | | | |

2

| 4 | | 3 | | | |

| 5 | | | 6 | | |

| 9 | 8 | | | 7 | |

10

| | | 11 | ⇨ | 12 | ⇨ | 의와 행복의 나라 ⇨ |

팀을 나누어 빙고 퀴즈 게임을 해요.

먼저, 성경을 공부할 시간을 15분 정도 주고, 10문제씩 만들게 한다. 선생님도 10문제를 만들고, 중복되는 것이 없도록 25문제를 선택한다(범위는 창세기의 아브라함이 나오는 부분이다).

간단히 순서를 정한 후에 게임을 시작한다. 한 명씩 차례로 번호를 선택하면, 선생님이 번호에 해당하는 문제를 내고, 학생들은 쪽지에 답을 적어서 선생님에게 보여 준다. 답을 소리 내어 말하면, 틀린 것으로 하고, 맞히면 자기 번호로 삼아 마킹할 수 있다. 정해진 규칙을 엄격하게 지켜야 한다.

1	2	3	4	5
6	7	8	9	10
11	12	13	14	15
16	17	18	19	20
21	22	23	24	25

인간의 뇌가 지닌 가장 큰 목표는 살아남는 것이다. 인간의 뇌는 에너지가 많이 사용되면 위험하다고 판단하고 피하려고 한다. 생각 활동에는 많은 에너지가 소모된다. 그래서 뇌는 생각을 싫어한다. 사람들이 드라마를 좋아하는 이유는 다음 장면을 만들어야 하는 고민이 필요 없기 때문이다.

인간은 내버려 두면 게을러진다. 변화를 싫어하고, 깊이 생각하고 질문하는 것도 싫어한다. 에너지가 많이 소비되는 활동이기 때문이다. 그래서 처음부터 부담 없고 편하게 접근해야 한다.

나는 항상 성경을 읽고(또는 설교를 듣고) 떠오르는 생각을 이야기하게 한다. 질문 만들기보다 일단 떠오르는 생각을 말하게 하면, 다양한 이야기를 자연스럽게 끌어낼 수 있게 된다.

같은 말도 부담 없는 단어를 쓰고, 학문적 용어보다는 일상용어가 대화에 활기를 불어넣어 준다. 질문을 나누어 내용 질문, 심화 질문, 상상 질문, 적용 질문하는 것이 필요하지만, 학생들에게 이런 용어는 오히려 독이 될 수 있다. 이야기 나눔의 즐거움을 느끼기도 전에 어려운 논술공부 같은 중압감을 줄 수 있기 때문이다.

만든 질문 중에서 좋은 질문을 찾아보라고 한다면, "좋은 질문"보다는 "눈에 들어오는 질문"같은 표현이 좋다. "무엇이 좋은가?"에 대한 기준도 모호한데다 평가까지 해야 하는 부담이 따른다. 하지만 "눈에 들어온다"는 표현은 평가할 필요가 없다. 거기에는 옳고 그름도, 좋고 나쁨도 없다.

질문을 만들 때 보면, 사람들은 자동으로 "열공 모드"로 돌입한다. 자기도 모르는 사이에 과거에 했던 공부 방식이 나오는 것이다. 질문을 만드는 시간은 교사에게 어색한 순간이다. 잠깐이지만 꽤 긴 시간처럼 느껴진다. 하지만 5분, 10분 시간을 정하고 기다려야 한다. 그것이 현명하다.

더 좋은 방법은 교사가 질문을 만들어, 먼저 질문하며 침묵을 깨는 것이다. 혼자 골몰히 생각하는 것보다 일단 이야기가 시작되면, 자극되어 생각이 다양해지고 질문을 더 쉽게 찾을 수 있게 된다.

질문이 떠오르지 않을 때는 손가락으로 성경 본문을 한 절, 한 절 짚어 가며 읽게 하라. 한 구절씩 손가락으로 짚어 가며 천천히 읽다 보면 질문을 쉽게 만들 수 있게 된다.

질문은 공부보다 경험에서 나온다. 처음 하브루타를 하는 학생에게는 2부에서 제시한 방법에 따라 별도로 훈련하기를 권면한다. 육하원칙으로 질문을 만들게 해서 자신감을 키워 주고, 질문 내비게이션으로 수준을 높여 줄 수 있다.

하브루타는 생각을 서로 소통하며 공부하는 짝이다. 단순히 내 말을 들어 주는 대상이 아니다. 사람들은 답을 잘 준비해서 발표하려 애쓴다. 완성도 있는 이야기만 하려고 한다. 하지만 하브루타는 미완의 생각들을 완성도 높은 내용으로 만들어 가는 일종의 이야기 마당이다. 친구와 함께 질문하고 대답하며 맞추어 가는 퍼즐과도 같다.

질문을 만들다 보면, 상당수의 질문에 답이 생각나고 그려진다. 답을 찾은 질문에 관해서는 이야기를 잘 나누지 않게 된다. 더 이상 해야 할 필요성을 못 느낀다. 하지만 그것은 시작에 불과하다는 것을 알아야 한다. 질문에 관한 다른 사람의 생각을 들어봐야 하기 때문이다. 듣다 보면, 이야기의 폭이 넓어지고 깊어지면서 많은 보석을 얻게 된다. 하브루타의 진가는 여기서 나타난다. 그 과정에서 다양하게 확장되는 보석을 찾을 수 있다. 미처 생각하지 못한 다양한 것을 얻게 된다. 하브루타를 처음 해 보는 아이가 있다면 친구의 답을 많이 받아 적는 게 임을 하는 것도 대화를 활성화하는 방법이다.

질문에 관해 막연한 생각을 나누기보다는 다양한 자료를 찾아보면 더 풍성해진다. 관련 서적을 찾아보거나 인터넷 검색을 해 보는 것도 좋다. 다만 인터넷에는 잘못된 정보도 많으므로 출처를 반드시 확인해야 한다. 특히 이단이 올린 자료가 많으니 주의를 기울여야 한다. 검증된 기관의 자료를 이용하는 것이 가장 안전하다.

질문을 가지고 토론하지 않는 또 다른 이유는 자기 질문이 허접해 보일까 봐서다. 그러나 세상에 허접한 질문이란 따로 없다. 다만 토의나 토론을 통해 연마하지 못했을 뿐이다. 아무리 허접한 질문이라도 후속 질문에 친구 생각이 더해지면 생각지도 못한 귀한 보석을 만들기도 한다. 대화는 보석을 만드는 기계이기 때문이다.

처음에는 육하원칙과 질문 내비게이션에 따라 질문을 만들게 한다. 익숙해지면 스스로 자연스럽게 여러 질문을 만들게 될 것이다. 성경을 올바로 이해하는 데 필요한 질문부터 만들어 보라. 말씀이 전하고자 하는 핵심을 이해하는 것이 먼저다. 올바로 이해해야 올바로 적용할 수 있다. 선택적 지각은 성경을 읽을 때도 나타난다. 보고 싶은 것을 보고, 듣고 싶은 것을 듣는 것은 어쩔 수 없다. 그래서 다른 사람과 이야기를 나눠야만 하는 것이다. 내가 보고 깨달은 것이 전부가 아니기 때문이다.

"감히 말씀을 파헤쳐도 되는가?" 하고 반문하는 사람이 있다. 하브루타에서 질문은 따지기 위해서가 아니라 하나님의 참뜻을 올바로 이해하기 위해서 하는 것이다. 혼자 생각하고 결론을 내리는 것보다 여러 사람과 대화하는 편이 훨씬 객관적이고 안전하다. 대화를 나눌수록 오류를 벗어날 확률이 높아진다.

5단계. 내용을 요약, 정리하고 하나님을 찾으라

구슬이 서 말이라도 꿰어야 보배라고 했다. 새롭고 재미있는 이야기를 아무리 많이 나누어도 정리가 안 되면 말씀을 기억하고 실천하기가 어렵다. 대화를 요약하고 정리할 필요성이 있다.

종합 정리는 연령에 맞게 매개체를 사용하는 것이 좋다. 유치부는 등장인물의 성품을 동물이나 색깔, 도형 등에 비추어 설명하게 하고, 초등학생 이상은 내용을 그림으로 표현하고 댓글로 주요 내용을 적게 한다.

단순히 내용을 요약하기보다는 하나님 찾기를 해야 한다. 하나님의 성품, 의도, 명령 등을 성경 본문에서 찾아내고, 하나님이 하시고자하는 말씀이 무엇인지를 알아내야 한다.

■ 종합 정리: 유치부의 예

노아 이야기를 통해 알게 된 하나님의 성품을 동물로 표현하면
.... 같아요.

그 이유는 .... 입니다.

이야기를 통해 알게 된 하나님은 .... 과 비슷해요.

이유는 .... 해서입니다.

예) 경찰, 군인, 선생님, 아빠, 엄마, 의사 등

■ 종합 정리: 초등부, 중등부 예

그동안 나눈 질문과 이야기를 그림에 댓글을 달아 종합하고 정리해 보세요.

❶ 겨자씨가 나무가 된다는 것의 의미는?

겨자가 구원받은 영혼을 상징한다면, 예수님으로 말미암아 죄인에서 의인으로 변화됨을 의미하는 것이다.

❷ 겨자씨가 말씀이라면, 어떻게 변해야 새가 깃드는 나무가 될 수 있을까?

말씀을 마음의 감동으로만 받는 것이 아니라 행동으로 옮기고 실천할 때, 주변 사람이 깃들 수 있다.

❸ 자기 밭에 겨자씨를 갖다 심은 농부에 대해 주변에서 어떻게 평가할까?

유대 사회에서 명예는 자기 일에 대한 유능함이다. 농부는 농사에 관해서 만큼은 최고일 때 명예롭다. 유대 땅 들판 어디에나 있는 겨자씨를 심는 것은 전혀 농부답지 못한 모습이다. 예수님도 유대인이 기대했던 메시아의 모습답지 못했기 때문에 조롱을 받으신 것이다.

■ 하나님 찾기: 초등부 예

하나님은 성품(뜻, 명령, 의도 등)

성경 내용 _____ 에서 볼 때

하나님의 뜻은 _____ 이다.

6단계. 생활에 실천하라

감동적인 예배와 집회는 많다. 그런데도 성도가 변하지 않는 이유는 구체적인 생활 실천이 없기 때문이다. 받은 은혜를 어떻게 적용할 것인지를 물으면, 열심히 잘하겠다고만 대답한다. 하지만 "어떻게"가 빠져 있다.

다짐과 각오는 오래가지 못한다. 내 삶에 기준이 되시는 하나님의 뜻을 찾아야 한다. 그리고 그 말씀으로 삶의 다림줄을 삼아야 한다. 바쁜 일상에서 말씀을 기억하고 지키기란 쉽지 않다. 실천은 많은 에너지가 소비되고 포기해야 할 것이 많다. 말씀 실천은 한국인에게 가장 어려운 부분이다. 기억하기 위한 나만의 표식이 필요하다. 나는 매주 실천 말씀을 휴대전화 바탕화면에 메모로 남긴다.

한 주가 지난 다음에는 교사가 실천에 관해 반드시 점검해야 한다. 실천을 통해 알게 된 말씀에 대한 이해와 하나님에 관해 서로 이야기를 나누게 하라. 지속적인 피드백은 실천을 도우며 말씀을 더 깊고 넓게 이해하게 만든다. 그렇게 함으로써 말씀 안에서 빠른 성장을 경험하게 될 것이다.

마지막 과정은 그동안 나눈 이야기를 바탕으로 교사가 짧게 설교하는 것이다. 설교에 부담감을 느끼는 교사가 많은 것이 사실이다. 하지만 그동안 나눈 이야기가 있기에 학생들은 잘 듣는다. 아는 이야기이기에 편안한 마음으로 들을 것이다.

설교는 내용과 줄거리보다는 본문을 근거로 하나님이 어떤 분이신가를 말하고, 어떻게 행동해야 할 것인가에 초점을 맞추어 들려주는 것이 좋다. 부탁하고 권면하기보다는 권위 있게 선포하라. 자기 권위가 아닌 하나님의 권위로 선포하는 시간이기 때문이다.

이 시간을 통해 학생들은 자기 깨달음을 확인하고, 마음을 확정하게 된다. 학생은 성경을 토대로 나누기는 했지만, 여전히 자기 생각이 맞는지 의구심을 품고 있다. 교사가 설교를 통해 학생들의 흔들리는 마음을 바로잡고 실천할 수 있도록 도와주어야 한다.

교사가 하기 쉬운 실수	교사의 바람직한 태도
· 학생의 질문에 설명부터 하고 본다	· 학생이 요지를 명확히 알도록 추가 질문한다
· 말을 많이 해야 잘하는 것으로 생각한다	· 질문을 통해 핵심으로 유도한다
· 학생만 하게 하고 지켜보려 한다	· 교사 자신도 학생처럼 참여한다
· 공과 준비부터 마무리까지 교사 혼자 다 한다	· 책상 및 의자 정리를 학생과 같이 한다
· 학생들이 침묵하면 자꾸 부추기며 간섭한다	· 시간을 정하고 충분히 생각하도록 기다린다
· 몰라도 아는 척하고 넘길 때가 있다	· 모르면 함께 자료를 찾아보는 태도를 취한다
· 공과 시간에만 학생에게 관심을 가진다	· 공과 시작 외 인사하는 시간을 두 배로 늘린다
· 학생을 의도했던 방향으로 끌고 가려 한다	· 결과보다 과정을 더 중요하게 생각한다
· 수업 준비를 잘 안 한다	· 본문을 읽어 보고 미리 질문을 만들어 본다
· 잘 아는 본문이면 반복해서 연습하지 않는다	· 머리가 아니라 몸이 알도록 반복한다

TIP
어색한 첫 시간, 이렇게 시작해 보자

하브루타를 시작하는 첫날부터 무슨 말을 꺼내야 할지 난감하다. 말로만 아이들의 관심을 끌기란 어려운 일이다. 그 정도의 실력을 갖춘 교사는 만 명의 한 명 정도 될 것이다. 아이들이 마음 문을 열려면, 먼저 몸을 움직이게 해야 한다. 모두 함께 움직이게 하면, 마음을 한곳으로 모을 수 있다. 일단 마음이 모이면, 한결 쉬워진다. 누구든지 기분이 좋아지면, 잘 협조하고 참여하게 되지 않는가?

가볍게 몸을 풀 수 있는 게임을 하는 것이 좋다. 아이들은 몸이 움직이고 나면, 입이 열리고, 생각이 열리기 시작한다.

"얘들아, 우리 가위바위보 하자!"

교사의 뜬금없는 제안에 아이들이 얼떨결에 따라 한다.

"규칙을 바꿔 볼까? 무조건 선생님을 이겨야 해! 선생님이 먼저 낼 게. 너희는 나보다 1초 늦게 낼 수 있어."

"이번에는 손을 바꿔서 가위바위보!"

"너희들이 규칙을 바꿔 볼래?"

아이들이 신나서 게임에 열중할 것이다.

"게임만 할 수 없으니 이제 하브루타를 시작해 볼까? 모두 즐겁게 할 수 있도록 우리만의 규칙을 만들어 보면 어떨까?"

아이들이 스스로 규칙을 만들 수 있도록, 교사가 먼저 질문을 던져 본다.

"평소에 기도를 어떻게 하니? 주로 기도는 언제 해?"

"나는 기도를 잘 안 하는데요."

"음, 시험 볼 때요."

아이들이 곧잘 대답할 것이다. 그리고 성경 본문으로 이야기를 시작한다.

"너희들, 성경에서 이 이야기를 들어본 적 있니?

"네, 저번에 목사님이 설교하실 때 들어봤어요."

"난 만화책에서 봤어요."

이렇게 친구들과 이야기를 나누듯 아이들에게 자연스럽게 질문하며 편안한 분위기로 풀어 가면 된다. 처음부터 왕성한 대화를 기대할 게 아니라 한 계단씩 올라간다고 생각해야 한다. 초등학교 5학년만 되어도 교사와 마음과 마음이 연결되려면 6개월 정도가 걸린다.

학생들이 마음 문을 열고 동의한다고 해서 갑자기 잘할 수 있는 것도 아니다. 경험이 부족하기 때문이다. 매번 바뀌는 상황의 미묘한 변화에 익숙해지려면 시간을 들이는 노력을 해야 한다. 경험이 없기는 부모나 교사나 학생이나 마찬가지다. 믿고 견디고 지속하다 보면, 마침내 하나님 나라를 보게 될 것이다.

부록　**하브루타 공과**

꿈지락 하브루타 공과는 같은 성경 본문으로 4주에 걸쳐 진행한다. 학생의 연령에 따라 교육 목표가 달라야 한다. 유치부의 목표는 성경 내용과 줄거리를 파악하고 이해하는 것이고, 초등부의 목표는 본문 이해를 넘어서 다양한 질문을 만들어 내는 것이다. 청소년부는 성경 본문의 이해와 질문을 넘어서 짝의 의견을 듣는 훈련과 추가 질문을 통해 의견을 주고받는 능력을 배양하는 것이 목표다. 정리하면 다음과 같다.

하브루타 공과의 목표

① 성경 본문의 내용과 줄거리 이해	유치부 : ①
② 질문 만들기	초등부 : ①+②
③ 토의와 토론	청소년부 : ①+②+③

우리가 최고야! 탑도 최고로 높게

성경 하브루타를 처음 시작하는 만 7세 미만 어린이를 위한 입문 공과 "하나님의 백성" 편 중 일부입니다.

첫 번째 만남.

그림 성경으로 성경 본문 내용을 설명하며, 줄거리와 내용을 파악하는 시간을 가진다.

I 선생님의 기도로 시작하기

II 규칙 정하기

하브루타 시간이 하나님 보시기에 기쁘시고, 서로에게 유익이 되려면 어떤 규칙이 필요할까요?

상상하고 그림으로 표현해 보세요.

그림을 보고 생각나는 것을 말해 보세요. 그림의 내용과 관련된 것을 선생님과 함께 찾아보고 이야기를 나눠요.

노아의 아들들의 이름은 셈과 함과 야벳이에요. 그들은 점점 동쪽으로 옮겨 갔고 아이도 많이 낳아 큰 무리가 되었어요. 넓은 평지를 만나자 그곳에서 집을 짓고 살았어요. 사람들은 돌 대신 흙으로 단단한 벽돌을 구웠고 진흙 대신 역청을 사용해 벽돌을 높이 쌓아 단단한 집을 만들었어요.

그러자 사람들은 도시를 만들고 하늘 높이 탑을 쌓아 우리 이름을 널리 알려 사람들이 흩어지지 않고 함께 살자고 했어요.

하나님은 사람들이 만든 도시와 하늘 높은 탑을 보시고 "이 사람들이 한 종족이고, 말이 하나여서 내버려 두면 안 되겠다"라고 생각하셨어요. 하나님이 "이제는 내 말을 듣지도 않고 무엇이든 마음대로 하려 하겠구나" 하고 생각하셨지요.

하나님은 당장 사람들이 말을 서로 알아듣지 못하게 만드시고 온 땅으로 흩어놓으셨어요.

그러자 사람들은 도시의 성을 쌓는 일을 그만두었답니다. 사람들은 그 후로 그곳을 "바벨"이라고 불렀어요.

무슨 뜻 인가요?

뜻을 모르는 단어에 관해 선생님과 이야기해 봐요.

█ 공동 기도문 만들기

1. 하나님을 자랑하고 찬양하는 내용은?

2. 하브루타 시간을 위해 기도해요.

3. 친구들의 기도 내용?

4. 2번과 3번이 실제로 이루어지려면, 하나님의 어떤 도움이 필요
   할까요?

공동 기도문을 써 보세요

Ⅱ 생각나는 것을 말하기

아래 그림을 보고, 지난 시간에 공부한 내용 중에서 생각나는 것을 말해 보세요.

Ⅲ 종이컵 쌓기 놀이

1. 벽돌을 높이 쌓으려면, 어떻게 만들고 쌓아야 할까요?

( ) 단단하게 만들어야 해요.

( ) 벽돌 크기가 똑같아야 해요.

( ) 벽돌과 벽돌 사이를 풀로 붙여야 해요.

( ) 색깔이 같아야 해요.

( ) 벽돌을 동그랗게 만들어요.

( ) 높이 쌓으려면, 친구의 말을 들을 필요가 없어요.

( ) 또 _____ 해야 해요.

2. 세계에서 가장 오래된 유명한 탑은 무엇일까요? 또 유명한 탑
   중에 높은 탑은 무엇이 있나요?

3. 종이컵을 높이 쌓아 우리 팀이 최고라는 것을 보여 주세요.

4. 사람들은 왜 높은 탑을 쌓고 싶어 할까요?

5. 하나님께 예배드리는 탑을 쌓아 보세요.

6. 높은 탑을 쌓을 때와 예배드리는 탑을 쌓을 때의 마음이 어떻게
   달랐나요?

세 번째 만남,

여러 가지 게임이나 활동을 통해 본문을 점검하는 시간을 가진다.

▌ 공동 기도문으로 기도하기

▌ 탑 쌓기 게임

1. 팀을 나누고 종이컵을 쌓을 친구와 컵을 전달할 친구를 정한다.

2. 컵을 쌓는 친구가 선생님이 보여 주는 글자가 쓰인 종이컵을 보고, 친구에게 말해 주면 나머지 사람이 그 글자가 쓰인 컵을 찾아 갖다 준다(교사는 종이컵 밑면에 다양한 글자와 그림을 미리 그려 놓는다).

3. 정해진 시간에 많이 쌓는 팀이 이긴다.

4. 두 번째 게임에서는 선생님이 보여 주는 글자가 쓰인 종이컵을 본 사람은 말없이 오직 행동과 표정으로만 뜻을 전달해야 한다. 많이 쌓는 팀이 이긴다.

5. 두 게임의 차이점과 느낀 점을 물어본다.

네 번째 만남,

학생 자신이 이해한 성경 내용을 그림으로 표현하고, 설명하는 시간을 가진다. 교사가
본문의 핵심과 실천해야 할 것들에 관해 설교함으로써 마무리한다.

I 하나님께 기도하고 시작하기

II 〈나의 바벨탑〉을 그림이나 말로 표현해 보기

마주하기 선생님의 말씀과 당부에 귀를 기울여요.

우리가 최고야! 탑도 최고로 높게

성경 하브루타를 처음 시작하는 만 8~12세 어린이를 위한 입문 공과
"하나님의 백성" 편 중 일부입니다.

첫 번째 만남,

'짝과 만드는 성경 이야기', '현대판 이야기로 각색하기' 등 다양한 활동을 통해 성경의
본문 내용을 파악하고 이해하게 한다.

▮ 하나님께 기도하기

▮ 진짜 내 마음 알아보기

불평하는 말	⟹	내 마음과 생각만 말하기
잔소리 좀 그만해요.	⟹	제 이야기 좀 들어 주세요.
		지금 마음이 힘들어서 들을 수가 없어요.
왜 맨날 늦는다고 하세요?	⟹	
왜 내가 하는 짓이 그렇다고 하세요?	⟹	
왜 맨날 동생 편만 들어요?	⟹	

노아의 아들 셈과 함과 야벳의 자손이 세상에 퍼져 나갔어요. 그 때는 모두 한 가지 말을 사용했어요. 사람들은 동쪽으로 옮겨 오다가 시날 지방 한 평야에 이르러 살았어요. 사람들은 돌 대신 흙을 구워 단단한 벽돌을 만들고 진흙 대신 역청을 사용해 튼튼한 집을 만들 수 있게 되었답니다.

그러자 사람들은 "도시를 세우고 그 가운데 하늘까지 닿는 높은 탑을 쌓아 우리 이름을 알리고 사방으로 흩어지지 않도록 하자"며 탑을 하늘 높이 쌓기 시작했어요.

하나님은 땅에 내려오셔서 사람들이 만든 도시와 탑을 보시고 "사람들이 한 종족이고, 말이 한가지여서 내버려 두면 안 되겠구나. 이것은 시작에 지나지 않을 것이다. 앞으로 무엇이든 마음대로 하려 하겠구나" 하고 생각하셨어요. 하나님은 당장 사람들의 말을 뒤섞어 서로 알아듣지 못하게 하시고 사람들을 온 땅으로 흩으셨어요.

그리하여 사람들은 도시를 세우던 일을 그만두고, 뿔뿔이 흩어지게 되었어요. 사람들은 하나님이 말을 뒤섞어 놓아 사람들을 온 땅에 흩으셨으므로 그 도시의 이름을 "바벨"이라고 불렀어요.

바벨은 갈대아어로 "신의 문"이라는 뜻이지만, "뒤섞어 놓는다"는 히브리어 곧 유대인의 말 "발랄"과 소리가 비슷하기도 해요.

무슨 뜻 인가요?

정확한 뜻을 모르는 단어는 사전을 찾아보세요.

IV 짝과 만드는 성경 이야기

그림에 맞는 이야기를 빈자리에 써 보세요(반드시 짝과 함께 이야기를 만드세요).

본문 이해에 관한 피드백과 더불어 질문 만들기를 한다. 교재에 실린 질문에 따라 학생들이 의견을 나누는 것으로 시작한다.

■ 하나님께 기도하기

■ 아래 질문을 읽고, 자기 생각을 나누고, 성경에서 답을 찾아보기

- 사람들은 왜 탑을 높이 쌓으려 했을까요?
- 성경은 그 이유를 무엇이라고 말하나요?

- 사람들이 하나 되는 것이 좋은 걸까요? 바벨탑을 쌓은 사람들의 목적은 좋은 것이었나요?
- 자기 힘을 과시하려던 사람들에게 하나님이 어떤 일을 하셨나요?

- 피라미드만 보더라도 엄청난 기술이 동원되어 건축되었음을 알 수 있어요. 바벨탑을 지을 만큼의 높은 기술 발전이 인간을 행복하게 만들었을까요?

1. 세계의 유명한 탑들을 꼽아 보세요.

2. 종이컵을 쌓아 자기 팀이 가장 힘세다는 것을 표현해 보세요.

3. 사람들은 왜 높은 탑을 쌓고 싶어 할까요?

4. 종이컵으로 하나님을 예배하기 위한 탑을 쌓아 보세요.

5. 강한 힘을 탑으로 표현할 때와 예배하기 위해 탑을 쌓을 때의
   마음이 어떻게 다른가요?

학생 스스로 질문을 만들어 보고, 성경의 핵심 메시지를 발견할 수 있는 중요한 질문을 함께 선정하여 서로 의견을 교환하는 시간을 가진다.

Ⅰ 하나님께 기도하고 시작하기

Ⅱ 첫 번째 만남 중 Ⅲ의 본문을 손으로 짚어 가며 소리 내어 읽어 보기

Ⅲ 팀이 되어 탑을 쌓아 보기

1. 팀을 나누고, 종이컵을 쌓을 사람과 컵을 전달할 사람을 정한다.

2. 종이컵을 쌓는 친구가 선생님이 보여 주는 그림이 있는 컵을 달라고 하면, 나머지 친구가 해당 컵을 찾아준다(교사는 종이컵 밑면에 다양한 그림을 미리 그려 놓는다).

3. 정해진 시간에 많이 쌓는 팀이 이긴다.

4. 두 번째 게임에서는 선생님이 제시하는 그림을 말없이 오직 표정과 몸짓으로 설명해야 한다. 많이 쌓는 팀이 이긴다.

5. 게임에서 느낀 점과 소감을 나눈다.

네 번째 만남,

지금까지 나눈 내용을 그림과 글로 종합해 보고, 자신이 발견한 하나님에 관해 말하며,
생활에서 무엇을 실천할 것인지를 이야기한다. 교사의 설교로 마무리한다.

▌ 하나님께 기도하고 시작하기

▌ 종합 정리 - 교훈을 정리하고, 발표하기

지난 3주 동안 이야기한 바벨탑에 대해서 그림과 댓글을 사용하여
종합 정리해 보세요. 또 바벨탑 이야기에서 기억에 남는 것은 무엇인
가요?

Ⅲ 하나님 찾기

바벨탑 이야기 중에서 ＿＿＿＿＿＿＿＿ 한 내용을 볼 때

하나님의 (성품, 의도, 뜻)은 ＿＿＿＿＿＿＿＿ 이다.

일주일 동안 생활하면서 기억해야 할 하나님의 말씀은

＿＿＿＿＿＿＿＿＿＿＿＿＿＿＿ 이며

나는 (언제, 어디서, 무엇을) ＿＿＿＿＿＿＿＿＿ 을

실천하겠다.

마주하기　선생님의 말씀에 귀를 기울여 보세요.

우리가 최고야! 탑도 최고로 높게

성경 하브루타를 처음 시작하는 만 13세 이상 청소년을 위한 입문 공과 "하나님의 백성" 편 중 일부입니다.

첫 번째 만남,

성경 본문과 관련된 자료를 가능한 한 많이 찾아보고, 이야기를 나눈다. 준비된 자세로 토론에 참여하는 습관을 기른다. 관련 자료를 책이나 인터넷에서 찾아보는 것만으로도 큰 효과를 볼 수 있다.

Ⅰ 하나님께 기도하기

Ⅱ 규칙 정하기

하브루타 시간이 하나님 보시기에 기쁘시고, 서로에게 유익한 시간이 될 수 있도록 규칙 팻말을 만드세요.

Ⅲ 궁금한 성경 배경 찾아보기

바벨탑과 관련된 자료는 무엇이든 찾아보세요.

(#수메르 #지구라트 #언어 #인류 발상지 #시날 평지 #역청 등).

언어의 발상지는 어디인가?

수메르 점토판

IV 창세기 11장 본문을 큰 소리로 읽기

1 당시 온 세상에는 언어가 하나였으며 같은 말을 썼습니다

2 사람들이 동쪽에서 와서 시날 땅에서 평원을 발견하고는 그곳에 정착했습니다

3 그들이 서로 말했습니다 "자, 우리가 벽돌을 만들어 단단하게 굽자" 그들은 돌 대신 벽돌을, 진흙 대신 역청을 사용했습니다

4 그리고 그들이 말했습니다 "자, 우리가 우리를 위해 성을 쌓고 하늘까지 닿는 탑을 쌓자 우리를 위해 이름을 내고 온 지면에 흩어지지 않게 하자"

5 여호와께서 사람들이 쌓는 성과 탑을 보시기 위해 내려오셨습니다

6 그리고 여호와께서 말씀하셨습니다 "저들이 한 민족으로서 모두 한 언어로 말하고 있어 이런 짓을 벌이기 시작했다 그러니 이제 그들이 하고자 꾸미는 일이라면 못할 게 없을 것이다

7 자, 우리가 내려가서 거기에서 그들의 언어를 혼란하게 해 서로 알아듣지 못하게 하자"

8 그리하여 여호와께서는 그들을 그곳에서부터 온 땅에 흩어 버리셨습니다 그들은 성 쌓는 것을 그쳤습니다

9 그래서 그곳 이름이 바벨이라 불리는 것입니다 그곳에서 여호와께서 온 세상의 언어를 혼란하게 하셨기 때문입니다 그곳에서 여호와께서 그들을 온 땅에 흩으셨습니다 우리말 성경

친구와 함께 다양한 질문을 만들어 본 후에 질문에 관한 추가 질문을 만들고, 서로 의견을 나누게 한다.

▮ 공동 기도문 만들기

각자의 이름과 기도 제목을 넣어 공동 기도문을 만들어 보세요.

1. 하나님을 찬양하는 내용은?

2. 하브루타 시간을 위한 내용은?

3. 친구들을 위한 내용은?

4. 2, 3번이 실제로 이루어지려면, 하나님의 어떤 도움이 필요한가?

Ⅱ 아래 질문을 읽고, 자기 생각을 나누고, 성경에서 답을 찾아보기

- 사람들은 왜 탑을 높이 쌓으려고 했을까요?
- 성경은 그 이유를 무엇이라고 말하나요?

- 사람들이 하나 되는 것이 좋은 걸까요? 바벨탑을 쌓은 사람들의 목적은 좋은 것이었나요?
- 자기 힘을 과시하려던 사람들에게 하나님이 어떤 일을 하셨나요?

- 피라미드만 보더라도 엄청난 기술이 동원되어 건축되었음을 알 수 있어요. 바벨탑을 지을 만큼의 높은 기술 발전이 인간을 행복하게 만들었을까요?

그밖에 궁금한 것이 있나요?

Ⅲ 육하원칙으로 질문 만들기

호기심이 생겨서 질문하는 것이 아닙니다.

질문을 하면 호기심이 생깁니다.

1 당시 온 세상에는 언어가 하나였으며 같은 말을 썼습니다

2 사람들이 동쪽에서 와서 시날 땅에서 평원을 발견하고는 그곳에 정착했습니다

3 그들이 서로 말했습니다 "자, 우리가 벽돌을 만들어 단단하게 굽자" 그들은 돌 대신 벽돌을, 진흙 대신 역청을 사용했습니다

4 그리고 그들이 말했습니다 "자, 우리가 우리를 위해 성을 쌓고 하늘까지 닿는 탑을 쌓자 우리를 위해 이름을 내고 온 지면에 흩어지지 않게 하자"

5 여호와께서 사람들이 쌓는 성과 탑을 보시기 위해 내려오셨습니다

6 그리고 여호와께서 말씀하셨습니다 "저들이 한 민족으로서 모두 한 언어로 말하고 있어 이런 짓을 벌이기 시작했다 그러니 이제 그들이 하고자 꾸미는 일이라면 못할 게 없을 것이다

7 자, 우리가 내려가서 거기에서 그들의 언어를 혼란하게 해 서로 알아듣지 못하게 하자"

8 그리하여 여호와께서는 그들을 그곳에서부터 온 땅에 흩어 버리셨습니다 그들은 성 쌓는 것을 그쳤습니다

9 그래서 그곳 이름이 바벨이라 불리는 것입니다 그곳에서 여호와께서 온 세상의 언어를 혼란하게 하셨기 때문입니다 그곳에서 여호와께서 그들을 온 땅에 흩으셨습니다 우리말 성경

1. 띄어쓰기 자리에 "왜"를 넣어 질문을 만들어 본다.

❶ 왜 노아의 자녀들은 아라랏산에서 살지 않고, 세상으로 퍼져 나갔을까요?

❷

❸

❹

❺

2. 띄어쓰기 자리에 "무엇"을 넣어 질문을 만들어 본다.

❶ 역청은 무엇일까요?

❷

❸

❹

❺

3. 띄어쓰기 자리에 "어떻게"를 넣어 질문을 만들어 본다.

❶ 높은 탑을 쌓으면, 어떻게 사람들이 흩어지지 않게 될까요?

❷

❸

❹

❺

4. 띄어쓰기 자리에 "누가, 언제, 어디서" 등 육하원칙을 넣어서 질문을 만들어 본다.

❶ 바벨탑 사건은 언제 일어났을까요?

❷

❸

❹

❺

5. 친구들과 함께 만든 질문 중에서 어떤 질문이 좋은 질문인지 이야기를 나누고, 자신이 만든 질문을 더 좋은 질문으로 수정해 보세요.

세 번째 만남,

친구와 함께 다양한 질문을 만들어 본 후에 질문에 관한 추가 질문을 만들고, 서로 의견을 나누게 한다.

Ⅰ 공동 기도문으로 기도하기

Ⅱ 내 질문에 대한 친구의 생각을 들어보기

1. 두 번째 만남에서 만든 질문 중에서 친구가 간단하게 대답하기 힘든 질문을 선택하거나 새롭게 만들어 보세요.

   내가 만든 질문:

2. 내 질문에 대한 친구들의 대답을 종합하여 나의 결론을 만들어
보세요(친구의 대답을 듣다가 다른 의견이 있으면 주장해도 됩니다).

	같거나 비슷한 견해	반대 견해
A 발언		
B 발언		
C 발언		
D 발언		

나의 결론

네 번째 만남,

종합하는 시간으로 자신이 느낀 하나님에 관해 말하며, 실천 방안에 관해 깊이 있는 대화를 나누게 한다.

I 공동 기도문으로 기도하기

II 종합정리 - 그림, 댓글, 표 등을 사용하세요.

지난 3주 동안 나눈 바벨탑 이야기를 그림과 댓글을 사용하여 종합 정리해 보세요. 또 바벨탑 이야기에서 기억에 남는 것은 무엇인가요?

▦ 하나님 찾기

바벨탑 이야기 중에서 _____ 한 내용을 볼 때

하나님의 (성품, 의도, 뜻)은 _____ 이다.

일주일 동안 생활하면서 기억해야 할 하나님의 말씀은

_____ 이며

나는 (언제, 어디서, 무엇을) _____ 을

실천하겠다.

마주하기 선생님의 말씀에 귀를 기울여 보세요.